Money錢

Money錢

Money錢

Money錢

Money錢 | 2017修訂版

抓住K線
獲利無限

朱家泓 著

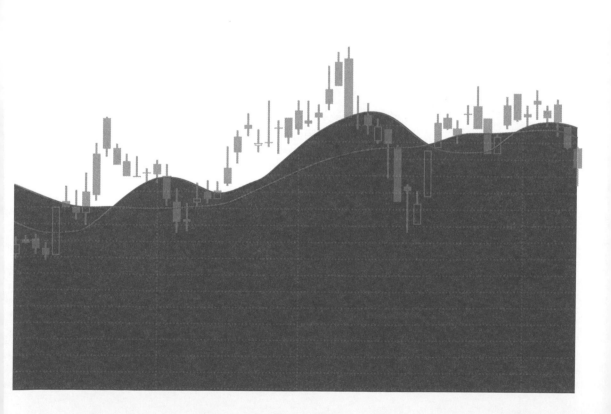

目錄

第1篇 ▶ 學習K線基本功 ······016

K線只有紅和黑、長和短，卻反應了當天所有交易人
對股市的看法，股價漲跌盡在紅黑K線鬥爭中。

第2篇 ▶ 未卜先知的單一K線 ········042

單一K線反應當天多空雙方交戰的過程及最後的結
果，可以用來推論明後天短期走勢的方向。

Contents

第5篇 ▶ 行進中的K線組合 …………… 228

行情在上漲或下跌行進時，透過連續K線的表現或組合，能夠研判行情的短期走勢變化。

Contents

第6篇 ▶ K線缺口 ·····························282

K線和缺口是一體的，深入了解向上和向下缺口的意義，可以窺知未來的短期走勢。

第7篇 ▶ K線交易法 ·····························308

使用K線交易法，只要嚴守紀律執行，很容易賣到短線相對高點，輕鬆獲利入袋。

不要看新聞買股票
K線能讓你逃過一劫
也能讓你精準獲利

　　2012年3月28日經濟日報頭版標題：「鴻海473億入股夏普。」許多投資人看到這則新聞後都認為，鴻海踏出了「聯日抗韓」的第一步，前途一片看好。

　　當天鴻海（2317）開盤跳空大漲3.7%，股價上漲4元，收盤113元，上漲5元，漲幅高達4.6%，同時爆出10萬張的大量。

　　次日盤中高點117元，收盤116元再上漲3元，同時再爆量12萬張大

資料來源：富邦e01電子交易系統

量，從此以後，股價都沒有再回到117元的高點，2013年10月1日的收盤價是75.5元。換句話說，當天看到消息去買股票的投資人，不僅被套牢1年7個月，而且還賠了30%的本金，真是情何以堪。

看懂K線 趨吉避凶

以技術分析的K線訊號來看鴻海的圖形走勢，可以分為下列幾點來討論：

❶ 這一波多頭正確的進場位置在 3月22日，當天回檔到月線有支撐，而且放量紅K上漲，突破前一日的最高點，收盤105元買進。持股到3月28日利多的跳空大漲，以多頭上漲特性，過高容易拉回，正是準備獲利出場的時機。

❷ 再看3月28日利多爆量的跳空大漲，K線收盤呈現的是有上下影線的紡錘線，表示當天多空激戰，有人利用利多機會在出貨，也就是說，當天爆量，價漲，但是K線不好，即使看報利多買進，也要注意不能出現跌破紡錘線的轉折向下的黑K線反轉訊號。同時注意大量向上跳空缺口是重要支撐，近日內不能回補，否則會成為竭盡缺口。

❸ 次日再爆大量，紅K上漲，持股續抱，當然沒有問題。

❹ 3月30日，收盤K線出現變盤的十字線，這時手中有持股的投資人，要特別小心股價反轉，因為出現「高檔爆量，股價不漲」、「大量紅K，股價該攻不攻」、「高檔紅K母子懷抱」的K線三大警訊，必須密切注意第二天的開盤走勢。

❺ 4月2日，開低走低，黑K收盤跌破最大量紅K的低點，三日K線形成內困三黑的下跌組合，轉折向下確認。3月28日利多大漲搶進的多單，此時應該迅速出場。

❻ 4月17日再出現下跌長黑K，5天的K線組合是夜星反轉訊號，同時波浪型態已經呈現頭頭低，頭部即將成形，看消息於3月28日利多大漲搶進的多單，是最後的逃命機會，當天收盤價110元，投資人大約賠損3～5元。

❼ 如果看不懂K線變化，沒有即時處理股票，後來一路下跌到80.9元才初步止跌反彈，下跌28%，而且到現在一年多還沒有解套。

彰銀併台新銀 股民慘遭套牢

2013年2月20日工商時報頭版斗大標題：「彰銀擬併台新銀。」這對於台新金（2887）是個大利多，許多投資人在當天早上開盤時就搶買台新金。

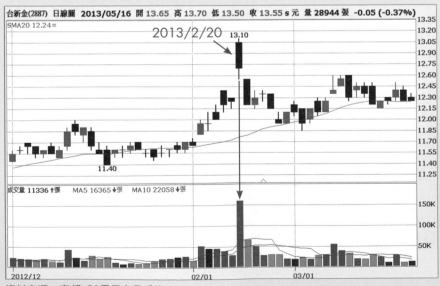

資料來源：富邦e01電子交易系統

　　當天台新金（2887）開盤跳空大漲，沒一會兒就漲停板，股價上漲13.1元，同時爆出16萬張的大量。比鴻海還慘的是，當天漲停板打開，一路下跌，收盤12.7元，當天賠錢套牢，次日直接下殺。

K線領先反應 原因隨後才到

　　K線永遠領先反應市場的基本面、消息面和心理面。在股票市場，散戶最弱勢，不可能先知道股票漲跌的原因，但是知道原因的人必然會做出買或賣的動作，只要有動作，就會反應在當天的K線及成交量。所以，只要能夠精準研判K線及成交量的變化，一樣可以精準獲利或避開風險、逢凶化吉。

　　我們來看晶豪科（3006），這檔股票在2月25日出現放量長紅K

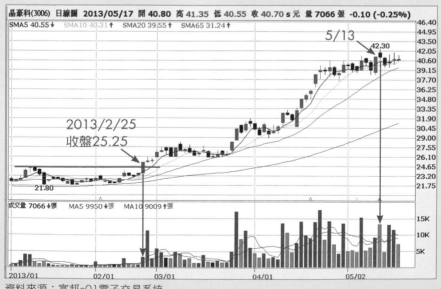

資料來源：富邦e01電子交易系統

線，突破高點多頭確認，從收盤價25.25元開始上漲，之後一直維持多頭趨勢，一直漲到約40元開始橫向整理。一般散戶並不知道這檔股票為何會上漲那麼多，到了5月13日工商時報的頭版出現「晶豪科MCP接單滿到Q3」的標題，散戶才知道原因。當天股價衝到42.3元，但多頭已經上漲了67%，所以技術面永遠領先消息面。

精通K線 精準獲利

俗話說：「在股票市場，會買只是徒弟，會賣才是師傅。」「買對位置成功一半，賣對位置才是全部成功。」一般投資人之所以無法精準掌握進出位置，主要還是無法正確解讀K線透露的語言。本書的目的是，幫助讀者提升判讀K線的功力，掌握K線訊號，買在最佳進場點，賣在相對高點，成為股市獲利的大贏家。

談自助、人助、天助
所有成功的緣分
都起源於自己

　　教學3年多以來，每次有學生告訴我關於股票賠錢的經歷時，總是讓我很難過。在這段教學時光，看到學生從開始學習，到看懂股票而賺錢，是我最開心的事。

　　其實，他們的成功不是沒有原因，每次他們謝謝我的時候，我都告訴他們，應該要「感謝自己」，因為我只能告訴他們一些專業知識和操作方法，但下決心學習、用功做功課、堅持努力，得靠他們「自己」。

　　每個來上課的同學都有感人的故事，謝謝他們願意分享給我，雖然他們來學習的背景不同，但是目標都一樣：希望在股市賺錢。

　　下面舉幾個同學的例子，每個都是「因緣」、「行動」、「努力」、「堅持」串連的真實成功故事，希望能夠啟發「想要努力」或「正在努力」的投資朋友，只要你「願意」，一定可以像他們一樣「成功」。

誠品書店巧遇的蔡先生

　　2011年7月的一個週日晚上，我循例到敦化南路的誠品書店，這是我一星期最放鬆的時間，我會一個人慢慢翻閱自己喜歡的書。當天，我的心情有點不同，因為《Money錢》剛出版了我的第一本新書《抓

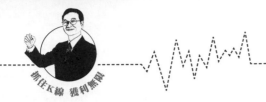

住飆股輕鬆賺》，這本書放在進門處的新書平台上，擺放了一整落約20本，所以，我除了抱著原本逛書店的心情之外，還格外注意自己的新書。

在新書區駐足一會兒後，我順著右邊長書廊走向財經書架區，突然有位先生走到我面前，帶點興奮的語氣問我說：「您是不是前面新書的作者朱家泓老師？」

我說：「是啊！您怎麼知道？」

他說：「我剛剛在前面看到您的新書，封面上有您的照片，所以認出來了。」

我說：「哇！您好厲害，封面照片出版社有用電腦修過，看上去很年輕，跟我本人差很多，您還能認出來。」

就這樣打開了彼此的話匣子，在書店中聊了起來。他姓蔡，曾經拿了1千萬元給一位蠻有名的老師代操股票，起初幾個月，平均都能拿到20萬～30萬的獲利，當時日子過得很悠閑，經常到國外旅遊。大約半年之後，拿到的獲利每況愈下，一年不到，不但沒有獲利可拿，連本金1千萬元也賠得只剩下不到1百萬元。這個打擊太大，他下決心要自己學、自己做。

他的故事可說是股市中很平凡的遭遇，很多投資人都是太相信所謂的「專家」、「高手」，輕易就把錢給對方，以為這樣就可以坐享獲利，其實大多數都是賠錢下場。

我建議蔡先生，從最基礎的技術分析開始，做好一年的學習計畫，按部就班地邊學邊用小資金練習操作，同時要體悟紀律操作的重要。

蔡先生後來陸續上完我所有開的課，同時不斷檢討改進，找出適合自己的方法。2012年9月，我在「期指當沖」的課堂上看到他，他很

興奮地告訴我獲利績效，那天正好是教師節，他還代表全班把一張寫滿同學祝福的卡片送給我。我當下雖然沒有流眼淚，但那份感動久久不散。

兩年前的那天，如果我沒有去逛誠品書局，如果他沒有認出我，如果他不願意從基礎學習，他就不會像今天這樣，成為充滿信心的股市高手了。這個緣分，是蔡先生自己開啟的。

馬來西亞飛來的邱同學

2012年初某一天上課時，課堂助理告訴我，班上有位遠從馬來西亞來上課的學生，我有些訝異，難道他要坐飛機來上課？課堂上我看到這位學生，年紀看上去應該40歲左右，很斯文的一位男士。

課間休息的時候，我特別去認識他。他是邱先生，馬來西亞人，是位精神科醫生，在香港執業。我很好奇，我並不是什麼出名的老師，更沒有財經界頭銜或者是顯赫的學位背景，他為什麼願意到台灣來上我的課？

邱先生告訴我，他對股票很有興趣，他在香港買了一些港股和大陸上海股票，可是一直都做不好而賠錢。有一天，他的朋友在台灣的書店買了一本我的書帶回香港，借給他看。他看完之後才知道，做股票要具備一些專業知識，於是他上網用書名及作者名搜尋，找到我開課的資訊，並且報名了假日班，每次上課就坐飛機來台灣，住在飯店3、4天。

後來他陸續上完基礎班、進階班和專修班的課程，前前後後也飛了快半年的時間。2013年農曆年前，我接到邱先生寄來的電子郵件，全文如下：

朱老師，您好！

　　好久沒寫郵件給您，近來好嗎？新年快樂！恭喜發財！

　　最近港股操作都還好，部分股票有賺超過**50%**，停損次數少很多了。

　　我看到您最近開了新課程「技術分析高階班」，內容和過去不一樣嗎？如果有很多新資訊，我等您開假日班，就飛來上。下半年我會找時間來上您的「期指當沖」假日班。

　　祝新年快樂！蛇年行大運！

　　接到他的電子郵件，我很高興，現在他能穩健獲利。這個「緣分」是因為他不只是看看書，而是下決心坐飛機來上課，我們才能認識。他付出了金錢、時間及努力，才有今天的成果，這一切都是起因於「他自己」。

台東搭火車來的趙小姐

　　「老師您好！我又來上課了！」每次她在教室看到我就跟我說這句話。她是趙小姐，個子高高，總是面帶微笑，住在台東，她是老師，先生在台東開精品咖啡屋。

　　她學股票是為了以後退休做好準備，但是在東部，股票學習的課程很少，也沒有老師到台東開課，所以就不辭辛勞地到台北學習，每次假日班下午5點下課後，她都搭乘稍晚6點多的火車回台東，到家已經是凌晨。

　　台東的火車票很難買，有時為了上課，必須在一個星期前去搶票，她的好學精神令人感佩。她抱著先做好萬全準備才買股票的想法，在

台東與台北來回跑的一年多學習期間都沒進場。她為「自己」定好目標，並有不畏艱辛、堅持學習的精神，將來一定是個成功的操盤手。

自助、人助、天助

學習股票操作，想成為長期的贏家，必須要有下面3個助力：

1. 自助

首先必須自己付出心力，有計畫地學習，除了充實專業知識，也要花時間做功課，這些一定得靠自己下定決心去完成。從起心動念到計畫行動，這是自助的功力。

2. 人助

在努力學習的過程中，要有好老師指導、好朋友支持鼓勵和相互切磋，許多事都需要他人的幫助，所以建立良好的人際關係非常重要。吸取別人的經驗，可以縮短自己摸索的時間。只要你展現誠心、熱誠和企圖心去請教別人，自然就會出現貴人相助。

3. 天助

人人都想發財，到財神廟拜拜，無非是想得到財神爺的眷顧。問題是，拜的人有沒有想過，財神爺為什麼要眷顧你呢？是因為你平日行善積德，還是努力付出呢？只拜財神爺絕對不夠，要自己付出，才可能達成目標。俗話說得好：「天下沒有白吃的午餐。」經過自助的努力、別人的相助，存善心、做善事，自然會出現神助的力量。只有從自己改變，一切才可能改變。

每個來課堂學習的同學，都踏出了自助的第一步。在課堂結識同好，向高手請教，就能獲得人助。堅持目標，努力學習，自得神助。祝福所有投資人，都能心想事成，美夢成真。

第1篇

學 習 K 線 基 本 功

在進入K線應用之前，先清楚了解K線的基本
要素及觀念，然後再一步步深入探討各種不
同長相的K線，這樣才不會有所失誤。

K線只有紅和黑，長和短，卻反應了當天所有
交易人對股市的看法，股價漲跌則盡在紅黑K
線鬥爭中。

第 1 章

如何畫出K線？

K線是技術分析之母，當天所有交易人對股市的看法，無論是對基本面、消息面、籌碼面還是心理面的反應，都會表現在當天的K線，由於每天的反應狀況不同，表現出的K線長相也就不一樣了。

例如去年11月13日，一大早報紙上斗大的標題說要查內線交易以及基金代操的操盤經紀人，結果當天大盤一路下殺 131 點，出現跌破反彈7天的長黑K，因此可以知道，K線對市場的敏感度反應最快，如果能夠精通K線變化的意義，自然能夠買在低點，賣在高點。

K線的由來

17世紀時，「稻米交易所」在日本大阪成立，從1710年開始發行稻米的「棧票」，這些「棧票」稱為「米票」，也是最早的期貨合約。

1750年江戶時代，「本間家族」是當時很富有的家族，排行最小的本間宗久，在他父親過逝之後，開始掌管家族生意。

他帶著資金到大阪的「堂島交易所」，開始從事稻米的期貨交易，他每天紀錄氣候狀況和交易價格的漲跌，並繪製圖表，經過分析後，他發現稻米價格變化的相關性，於是運用這套方法，賺到龐大的財富。

本間宗久晚年擔任政府的財政顧問，並被封為武士。1803年逝世前，出版了《阪田戰法》及《行情分析》兩本著作，他在稻米交易上使用的一些戰法，在日本逐漸發展成「陰陽線分析方法」，後來有人把這套方法應用到股票交易市場，成為重要的理論。

從交易紀錄畫出K線圖

一、怎麼畫出當天的紅K線（陽線）

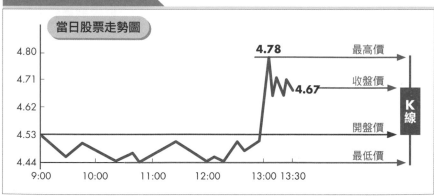

紅K線的對應畫法

當日股票走勢圖

- 當收盤價比開盤價高，則畫成紅色K線。
- 收盤價與開盤價有價差，畫成實體的紅柱狀，其餘部分畫成影線。

註：日本的技術分析稱圖形線為「罫線表」（發音為kei-sen-hyou），
　　引入國內後，就以日文發音稱為「K線」。

從交易紀錄畫出K線圖

一、怎麼畫出當天的紅K線（陽線）

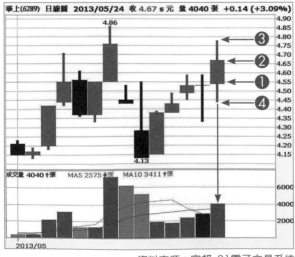

資料來源：富邦e01電子交易系統

這是2013/5/24華上（6289）的線圖，上圖是當天交易的走勢圖，下圖是交易結束後出現的紅色K線。

❶ 上圖是當天9:00開盤的價格4.53，接著開始交易。

下圖是開盤4.53的位置。

❷ 上圖是當天13:30收盤的價格4.67，結束交易。

下圖是收盤4.67的位置。

❸ 上圖是當天盤中交易出現的最高價格4.78。

下圖是最高價格4.78的位置。

❹ 上圖是當天盤中交易出現的最低價格4.44。

下圖是最低價格4.44的位置。

二、怎麼畫出當天的黑K線（陰線）

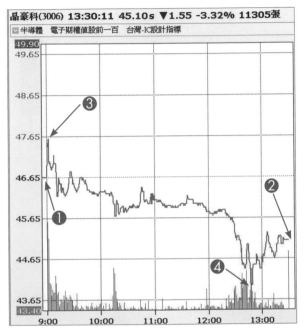

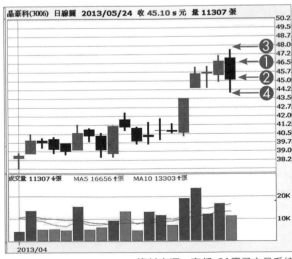

這是2013/5/24日晶豪科（3006）的圖，上圖是當天交易的走勢圖，下圖是交易結束後出現的黑色K線。

❶ 上圖是當天9:00開盤的價格46.9，接著開始交易。
　 下圖是開盤46.9的位置。

❷ 上圖是當天13:30收盤的價格45.1，結束交易。
　 下圖是收盤45.1的位置。

❸ 上圖是當天盤中交易出現的最高價格47.6。
　 下圖是最高價格47.6的位置。

❹ 上圖是當天盤中交易出現的最低價格44。
　 下圖是最低價格44的位置。

資料來源：富邦e01電子交易系統

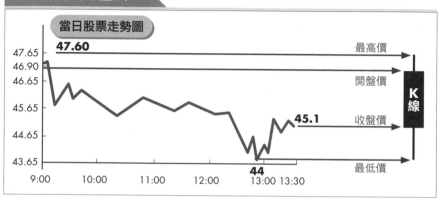

黑K線的對應畫法

當日股票走勢圖

- 當收盤價比開盤價低，畫成黑色K線。
- 收盤價與開盤價有價差，畫成實體的黑柱狀，其餘部分畫成影線。

 **K線的基本認知**

對於K線，要先了解幾個基本概念：

1. 組成K線的4個元素是：開盤價、收盤價、盤中最高價、盤中最低價。
2. 收盤價高於開盤價是紅K線，收盤價低於開盤價是黑K線。
3. 日線圖的一根K線，是當日交易的紀錄。

  週線圖的一根K線，是一週（5天）交易的紀錄。

  月線圖的一根K線，是一個月（月初第一天到月底最後一天）交易的紀錄。

4. K線各部分的名稱：

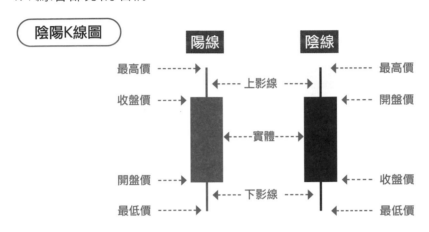

陰陽K線圖

陽線　　　陰線

最高價 - - - - - →　　　← - - - - 最高價
　　　　　　← - - - 上影線 - - - →
收盤價 - - - - - →　　　← - - - - 開盤價

　　　　　　← - - - 實體 - - - →

開盤價 - - - - - →　　　← - - - - 收盤價
　　　　　　← - - - 下影線 - - - →
最低價 - - - - - →　　　← - - - - 最低價

　　紅K線或黑K線並不代表當天股價是上漲還是下跌，開低收高
就是紅K線，開高收低就是黑K線，千萬不要誤以為紅K線就是
上漲，黑K線就是下跌。

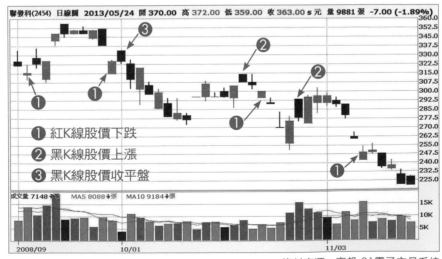

聯發科(2454) 日線圖 2013/05/24 開 370.00 高 372.00 低 359.00 收 363.00 s 元 量 9881 張 -7.00 (-1.89%)

❶ 紅K線股價下跌
❷ 黑K線股價上漲
❸ 黑K線股價收平盤

成交量 7148 張　MA5 8088↓張　MA10 9184↓張

2008/09　　　10/01　　　11/03

資料來源：富邦e01電子交易系統

第2章

解讀K線密碼

解讀單一K線或數根K線組合型態之前,要先認識K線的重要觀念,並學會判讀整體走勢,如此才能完整解讀並應用各種收盤K線。

K線4+1基本元素

組成K線的基本元素有4個,分別是開盤價、收盤價、最高價、最低價,電腦K線圖上都會標明這4個元素,這裡再加上另外一個重要數據,我稱為第5元素,就是½成本價。以上4+1元素代表不同的意義,在短線操作的判斷上很重要,分別說明如下。

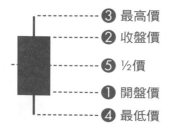
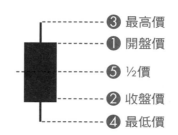

元素1：開盤價

每天股價開盤的位置，通常都是由控盤主力開出，因為很少散戶會在開盤前就掛一個價格去買或賣，而這個價格又剛好是開盤價。開盤價一般反應了以下幾個原因：

1. 反應開盤前利多或利空的消息面，尤其是國際股市如美國、韓國、大陸股市的表現。例如美國股市大漲2%以上，韓國股市也往上開高，台股大盤也會反應開高。另外，例如2013年5月31日媒體報導，證所稅當天有可能過關，結果開盤大漲75點，這是反應利多消息。

2. 主力大戶的企圖，例如今日開盤跳空上漲，顯示主力拉抬企圖明顯，股票強勢續多。如果昨日長紅K棒上漲，今日開在平盤或盤下，表示多方今日向上企圖不強。

3. 變盤的先期徵兆，例如多頭高檔昨日收十字線、墓碑線、吊人線等變盤K線，今日開盤價就很重要，如果開高，便能化解疑慮；開低，多頭就要小心，可能要變盤了。同樣的，股價下跌一段，昨日出現止跌的變盤線訊號，今天如果開盤向上，自然容易轉折向上。

4. 開盤漲停板或跌停板，是主力強力表態做多或下殺的企圖，不可輕忽後續的走勢。

由開盤看主力的企圖

資料來源：富邦e01電子交易系統

❶ 當天股價B，遇到前面A點頭部壓力，出現黑K上影線的變盤線，次日開盤開低，主力沒有企圖要攻過高點B。

❷ 當天股價D，遇到前面C點頭部壓力，出現小紅K十字線的變盤線，次日開低盤，主力沒有企圖要攻過高點C。

❸ 當天股價E，遇到前面C、D點頭部壓力，出現小黑K十字線的變盤線，次日主力企圖很強，開盤跳空上漲，並且放量攻過A、B、C、D、E所有的高點。

元素2：收盤價

1. 當日多空雙方經過一天的決戰後，最後的結果價格。

2. 以收盤價為界線，收盤價的上方視為空方力量的範圍，收盤價的下方視為多方力量的範圍，依此可看出當日多空勢力的強弱，並可預測明日開高或開底的意圖。

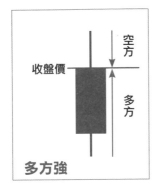
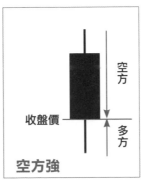
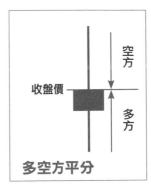

3. 收盤價與昨日K線比較，從收盤價是否突破昨日K線最高點，
   或跌破昨日K線最低點，可觀察股價將會轉強或轉弱。

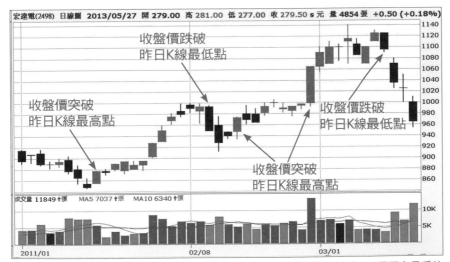

資料來源：富邦e01電子交易系統

元素3：最高價

1. 當日多方力量所能攻到的最高價位。

2. 空頭抵擋反擊的價位，或是多頭開始撤退的位置。

3. 與昨日最高價相比，從是否突破昨日最高價，或未突破昨日高價即壓回，可看出主力是否有續多的企圖。

4. 最高價來到前面壓力位置，如果沒過，或者是過了又拉回，留下長的上影線，表示該位置出現壓力訊號，次日要特別注意是否將遇壓回檔或拉回下跌。

元素4：最低價

1. 當日空方力量到達的最低價位。

2. 多頭抵擋開始反擊，或是空頭回補的位置。

3. 與昨日最低價相比，是否跌破昨日最低點是重要觀察指標，如果今日最低價跌破昨日最低點，表示多空激戰，要密切注意收盤價位置。

4. 最低價來到前面的支撐位置，如果沒跌破，或者是跌破又拉上來，留下長的下影線，表示該位置出現支撐訊號，次日要特別注意是否將遇撐反彈或上漲。

資料來源：富邦e01電子交易系統

❶ 當天股價C的黑K最低點，遇到前面A點支撐，出現下影線的止跌訊號，
次日開高向上，表示股價要上漲。

❷ 當天股價D的紅K最高點，遇到前面B點大量長紅K線壓力，出現上影線
的止漲訊號，次日開低向下，表示後續股價持續下跌。

元素5：½ 價

指當日（最高價＋最低價）÷2的價格

1. ½ 價代表當日多空交易的平均成本。

2. 大量長紅K線，日後回檔跌破½ 價，表示多方氣勢轉弱。大量長黑K線，日後反彈突破½ 價，表示空方力道轉弱。

3. 股價漲到高檔，出現大量長紅K線，如跌破長紅K線的½ 價，高檔做頭的機率大增，要小心反轉。

4. 股價跌到低檔，出現大量長黑K線，如突破長黑K線的½ 價，低檔止跌回升的機率大增，要注意反彈。

5. 因此，走勢中只要出現大量的長紅K線或長黑K線，都要特別注意½ 價的位置，看是處於相對高檔或低檔。

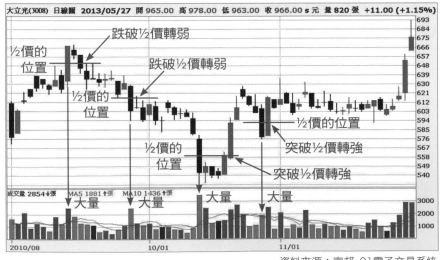

資料來源：富邦e01電子交易系統

股票走勢圖是**K線**的延伸

價格 交易進行中隨時變化

1根K線 收盤後完成，但是下一根K線會有不同變化

2根K線組合 完成次日的K線，形成連續2日的K線變化

3根K線組合 再完成1日的K線，形成連續3日的K線變化

均線 數日K線的收盤價產生不同周期的均線

波浪形態 股價在均線上下波動，產生轉折波的高低點

多空市場 依據轉折波的高低點判別多頭或空頭

趨勢 多頭上漲行進或空頭下跌行進所產生的趨勢

1. 從上面的前後關係可以看出，一個趨勢是由價格形成K線，然後再一步步往下發展而成，所以從K線可最快看出轉折訊號，但是決定方向的力量，趨勢最大。

2. 學習K線，要從單日K線開始，根據單日K線的意義，研判後續走勢，再逐步學習2日K線、3日K線、多日K線的意義，循序漸進到波浪型態的結構，並掌握趨勢。

3. K線只是趨勢結構的一分子，波浪型態一旦完成確立，趨勢的反轉需要時間因素及條件因素的配合，也就是說，趨勢的反轉，必須等到頭部或底部型態完全確立，才有轉向的能力。因此，在多頭格局中，「上漲K線」會加分，「下跌K線」則會減分。

4. 對K線的解讀，不能單以一天來判斷，一天的K線容易受到突發事件的影響，產生無法預期的狀況，因此，一天的K線只能看當天的交易狀況，兩天的K線可以看出多空力道是否延續或出現變化，連續三天K線的變化，則可以看出方向轉折。再觀察多幾天K線的連續變化，可以判斷短線的走勢方向、型態的變化及波浪的型態。

   1日K線：看當天多空強弱。

   2日K線：看次日多空是否延續或出現變化。

   3日K線：看是否出現轉折。

   5日K線：看短期的方向。

從K線橫盤確認突破或跌破

　　在走勢圖當中，我們常常看到K線橫向走勢，股價一直沒有突破前一根K線的最高點，也沒有跌破最低點，這樣的橫向K線超過3根以上，可以視為K線的橫盤或盤整。

　　出現K線的橫盤或盤整，要如何確認盤整結束呢？如果出現一根中長紅K線，收盤突破所有橫盤的K線最高點，這樣就能確認往上突破，以及上漲的方向，在多頭趨勢中，這是進場做多的買進位置。

　　或者出現一根中長黑K線，收盤跌破所有橫盤的K線最低點，這樣就能確認往下跌破，以及下跌的方向，在空頭趨勢中，這是進場放空的位置。

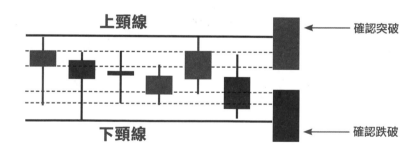

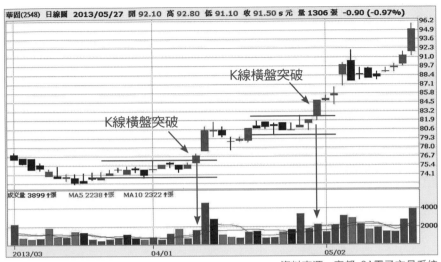

資料來源：富邦e01電子交易系統

資料來源：富邦e01電子交易系統

K線內涵為什麼很重要？

K線內涵指的是K線當天的走勢圖，也就是當天K線是怎麼走出來的。相同的單一K線，當天的實際走勢不會相同，可用來判斷多空角力的情形，例如是主力強勢拉漲停板，還是經過多空廝殺後，多方戰勝而上漲到漲停板，這對明天或以後的走勢會有不同影響。

同樣是長紅K線漲停板，盤中分時K線完全不同：

1. 開盤2分鐘拉到漲停板。

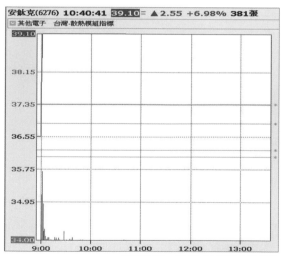

資料來源：富邦e01電子交易系統

2. 開盤先下跌，再向上拉到漲停板。

資料來源：富邦e01電子交易系統

3. 開盤漲停，下跌到平盤，再向上拉到漲停板。

資料來源：富邦e01電子交易系統

4. 平盤附近盤整再上漲，盤整後尾盤向上拉到漲停板。

資料來源：富邦e01電子交易系統

　　第1圖是主力一開盤就急拉到漲停板鎖住，第4圖是主力在接近收盤時急拉到漲停板鎖住。從這兩檔股票的K線，可看出主力的企圖是於開盤時或收盤前急拉，目的都是不希望有太多散戶跟進，如果當天是多頭起漲的進場位置，要立刻買進。

　　第2圖是主力先下殺，散戶看要下跌而不敢進場，同時洗出一些不安定的籌碼，再快速拉漲停板，這也是主力強勢的表態。

　　第3圖表示籌碼不安定，開盤漲停板後立刻打開，再迅速下跌到平盤，上下拉鋸，出現的是長上影線的K線，要看位置及成交量，才可確定可否介入。

K線的3個環境條件

研判K線代表的意義之前，要先確認3個環境條件：

條件1：先確認行情趨勢是在多頭、空頭或盤整。

條件2：K線在走勢中的相關位置，是低檔、高檔、行進中、接近壓力或支撐，還是關鍵突破或跌破。

條件3：成交量的變化可以幫助確認，K線的能量大小及籌碼的變化。

看K線 要結合趨勢觀念

許多投資人在看K線時，往往只顧到K線本身的變化，而忽略了趨勢的方向，造成一些錯誤的解讀。結合趨勢的方向看K線時，應注意以下幾點：

1. 趨勢多頭時，K線開低走高或開高走高是正常，不必做太多解讀。K線開高走低或開低走低，才是不正常的訊號，此時根據位置可解讀為：可能是要休息、漲多要回檔，或者是波浪型態改變，可能要開始盤整。

2. 趨勢多頭時，K線開平盤後往上是正常，跌破平盤往下則顯示出現空方力道，是轉弱的訊號，此時根據位置可解讀為：可能是要休息，或是漲多要變盤。

3. 趨勢多頭時，K線開平盤後往上是正常，但漲到高點後股價回跌，則顯示出現上檔賣壓，是轉弱的訊號，此時根據位置可解讀為：可能是要休息，或是漲多要變盤。

4. 趨勢空頭時，K線開高走低或開低走低是正常，不必做太多

解讀。K線開低走高或開高走高，才是不正常的訊號，此時根據位置可解讀為：可能是要止跌、跌深要反彈，或者是波浪型態改變，可能要開始盤整。

5. 趨勢空頭時，K線開平盤後往下是正常，突破平盤往上則顯示出現多方力道，是轉強的訊號，此時根據位置可解讀為：可能是要止跌，或是跌深要變盤。

6. 趨勢空頭時，K線開平盤後往下是正常，但跌到低點後股價上拉，則顯示出現下檔有支撐買盤，是轉強的訊號，此時根據位置可解讀為：可能是要止跌，或是跌深要變盤。

2根K線的合併應用

K線是每天盤勢的連續發展，所以有延伸性，例如連續兩天的K線，可以視為昨天開盤交易延續到今天的收盤結果，兩天的K線可合併成一根K線，看出兩天的多空強弱。

2根K線的合併方法，取第一天開盤價、第二天收盤價、這兩天交易的最高價和最低價，用這4個元素畫出一根K線。

1. 連續兩天中紅K線，合併看是一根長紅K線，其作用與長紅K線一樣，½價是兩天的交易平均成本，在高檔時不能跌破，跌破氣勢轉弱。

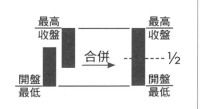

2. 一天長紅K線，一天長黑K線，合併是一根長上影線小黑K線，表示上面賣壓很重，上漲在高檔時，要小心是否會變盤轉折向下。

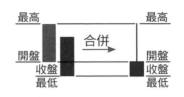

3. 一天長黑K線，一天小紅K線，合併是一根長下影線的小紅K線，在高檔是反轉訊號吊人線，在低檔時是止跌訊號的鎚子。

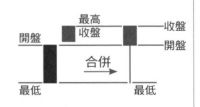

4. 一根長黑K，吞噬前一天的紅K，合併是長上影線的小黑K線，在高檔時是多方遇強大壓力，是反轉訊號。

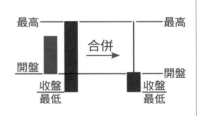

5. 2天K線合併是長上影線的十字K線（天劍），是變盤的訊號，要注意次日的開盤走勢。

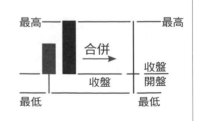

6. 2天K線合併看是長下影線的小
黑K線的紡錘線，同樣是變盤的
訊號，要注意次日的開盤走勢。

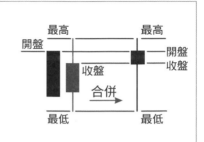

3根K線的合併應用

　　3根K線的合併方法是，取
第一天的開盤價、第三天的
收盤價、這三天交易的最高
價，以及這三天交易的最低
價，畫出一根K線。

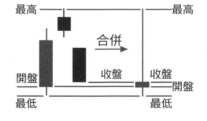

　　右圖的3條K線，一般稱為
夜星，是高點轉折向下的訊號，如果把它組成一條K線來看，
就是單一K線高檔出現長上影線的變盤訊號。

第**2**篇

未卜先知的單一K線

單一K線，反應當天多空雙方交戰的過程及最後的結果，可以知道籌碼的進出、換手、洗盤等資訊，了解主力大戶的動作，配合其他技術分析，可以用來推論明後天短期走勢的方向。

股市中說，能夠知道明天的行情，就能賺錢，能夠知道未來三天的行情即可致富，精通K線就可以達到未卜先知的境界。

第1章

長紅和長黑K線：
走勢的關鍵

 實體長紅K線

定義

　　開盤與收盤上下幅度達6.5%以上，開低
走高的實體紅K線，而且是沒有上下影線的
實體K棒，即使有，也只能有很小的影線。

收盤價
最高價

最低價
開盤價

解說

　　在行情走勢圖中，不論多頭上漲、空頭下跌或盤整，都可以
看到長紅K線。就單一K線而言，當天開盤是最低價，然後買盤
積極，最後上漲到最高價收盤，所以當天是多方強。

精通

1. 當天買盤雖積極，仍要分辨是主力大戶買進，還是散戶的追
   逐，不同的交易人買進，造成的結果就不同。換句話說，出
   現長紅K線，並不表示日後一定會繼續上漲。

2. 長紅K線出現在不同趨勢、不同位置，代表的意義就不同，

甚至完全相反，股友不可不察。要精準判讀長紅K線，必須先區分不同趨勢中的不同位置。

多頭上漲趨勢中的長紅K線

在多頭上漲趨勢中，長紅K線會出現在以下6個位置。

位置1：出現在多頭底部打底期間

代表底部有主力在吸貨，通常會出現一些量增的現象，由於主力尚未佈局完成，所以沒有發動向上上漲的攻勢。

位置2：出現在底部打底完成時

通常都會配合攻擊量，可視為主力宣示多頭的開始，要把握機會買進做多。這根宣示上漲的長紅K，要突破底部盤整或型態的最高點才算確認。

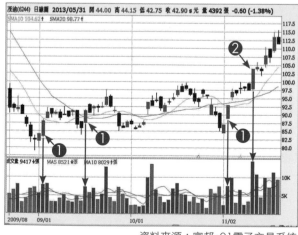

❶ 在底部盤整時陸續出現帶大量的長紅K線，但是都沒有上攻，代表主力分批吸貨。

❷ 盤整的突破，是多頭確認的關鍵K棒，出現帶大量的長紅K線，確認多頭打底完成，開始多頭上漲走勢。

資料來源：富邦e01電子交易系統

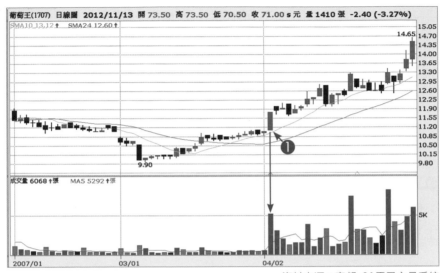

葡萄王(1707) 日線圖 2012/11/13 開 73.50 高 73.50 低 70.50 收 71.00 s 元 量 1410 張 -2.40 (-3.27%)

資料來源：富邦e01電子交易系統

❶ 底部打底完成的向上長紅K線，配合攻擊量，可以視為主力宣示多頭的開始。

位置3：多頭上漲行進中的長紅K線

代表多方氣勢續強，仍然繼續上漲。通常出現惜售的量縮。

位置4：上漲一段後回檔修正結束

當修正完成，修正的低點沒有跌破前面低點，當再出現上漲長紅K，表示修正結束，多頭要繼續上漲，自然要把握機會買進做多。配合大量攻擊力道強，如果量不大，後面一、二日要補量上攻。

資料來源：富邦e01電子交易系統

❶ 空頭跌到低點，出現放量長紅K線的一日向上反轉。

❷ 多頭回檔後放量長紅K線的再上漲，收盤突破前一日的最高點，把握進場買進。

❸ 多頭行進中的長紅K線，繼續上漲，出現惜售的量縮。

位置5：多頭上漲一段後的盤整末端

當盤整末端出現帶大量的長紅K線，是多頭上漲的攻擊訊號，當然要把握機會買進做多。

資料來源：富邦e01電子交易系統

❶ 出現放量長紅K線的突破，完成底部確認，把握進場買進。

❷ 上漲行進中放量的長紅K線，繼續再上漲。

❸ 多頭行進中的盤整結束，出現放量長紅K線，是繼續上漲的攻擊訊號，把握進場買進。

位置6：多頭上漲到高檔或連續急漲

此時要特別注意成交量與股價的變化。出現成交量爆增，股價不漲或下跌，通常是主力在高檔利用散戶追高時趁機大量出貨，造成當日長紅大量，次日股價無法再上漲的原因。

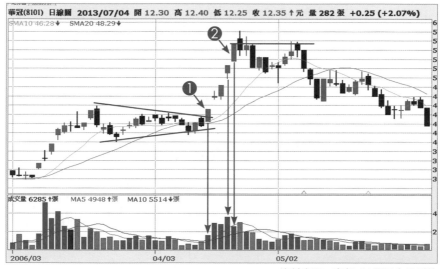

資料來源：富邦e01電子交易系統

❶ 多頭行進中的盤整結束，出現放量長紅K線，是繼續上漲的攻擊訊號，把握進場買進。

❷ 高檔出現連續跳空急漲，同時爆出大量的長紅K線，要特別小心，次日出現股價不漲或下跌，都是危險訊號。之前連續出大量的跳空上漲紅K線，是主力邊拉邊出貨，後面即使有反彈，股價仍然無法突破大量長紅K線的最高點。

🗣️ 空頭下跌趨勢中的長紅K線

在空頭下跌趨勢中，長紅K線會出現在以下4個位置。

位置1：在高檔盤頭時

要注意多頭最高點頭部如果沒有突破，容易形成做頭，此時的長紅K線反而是逃命波，同時要密切注意該大量的長紅K線最低點不能被跌破，如果被收盤價跌破，頭部即將完成。

資料來源：富邦e01電子交易系統

❶ 多頭的最高點。

❷ 高檔盤整，連續出現帶大量的長紅K線，要特別注意，多頭的最高點沒有突破，這些長紅K線是逃命波。

❸ 長黑K線跌破帶大量的長紅K線最低點，頭部即將完成。

位置2：空頭下跌行進中出現反彈時

代表主力誘多，通常會出現量增的現象，要注意不可搶反彈，容易被套牢。如果無量反彈，通常是弱勢反彈。此時應該把握反彈不過前高後再下跌的做空機會。

資料來源：富邦e01電子交易系統

❶ 出現在空頭下跌行進中的反彈長紅K，是主力在誘多，不能買進。

❷ 量縮的反彈，很快就下跌，繼續做空。

位置3：在空頭下跌一段的盤整末端

如果出現攻擊量，可視為轉折向上，可以把握機會買進做多。

但是要看整個盤整的型態是反彈或回升，決定做長還是做短。

資料來源：富邦e01電子交易系統

❶ 空頭下跌中的無量長紅K反彈，是準備做空的機會。

❷ 空頭下跌中的盤整長紅K突破，後續無量，只是反彈，容易拉回。

位置4：空頭跌到低點或急跌一段後出現大量長紅K線

可視為止跌的訊號，後面出現收盤價突破這根大量長紅 K 線最高點的 K 線，則容易止跌回升。

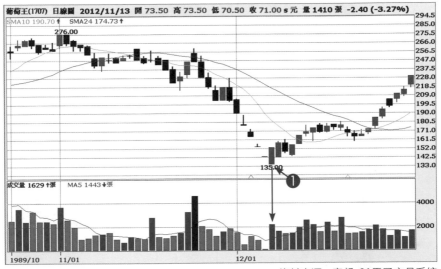

資料來源：富邦e01電子交易系統

❶ 空頭急跌一段後，出現放量長紅K線的止跌訊號，次日向上突破放量長紅K線的最高點，一日向上反轉向上，止跌回升。

 在盤整區域中的長紅K線

在盤整區也會出現帶大量的長紅K線，原則上，在盤整區我們不
操作股票，盤整後，突破或跌破時再做多或做空。盤整後往上
突破，在盤整區的帶大量長紅K線，視為進貨量。盤整後往下跌
破，在盤整區的帶大量長紅K線，視為出貨量。

資料來源：富邦e01電子交易系統

❶ 盤整區，在盤整區中陸續出現放量長紅K線。

❷ 跌破盤整區，在盤整區放量長紅K線為主力誘多的出貨量。

🗣 大量長紅K線的支撐與壓力

多頭上漲的長紅K線，在攻擊的關鍵位置，通常伴隨大量，當股價往上發展，這些量視為進貨量、攻擊量或換手量。換句話說，在多頭走勢是重要的價量配合的攻勢，如果出現股價該攻不攻，甚至下跌，都是重大警訊，一定要設好停損，做好風險控制。

出現帶大量的長紅K線，股價上漲之後的回測，該長紅K線是重要的支撐，支撐分為3個重要觀察價位，分別是長紅K線的最高點、長紅K線的½價位（最高價+最低價，然後除以2），以及長紅K線的最低點。

1. **跌破長紅K線的最高點：**

   代表向上攻擊減弱，必須在3~5日之內站回長紅K線的最高點之上，否則要注意是否轉折向下。

2. **跌破長紅K線的2分之1價位：**

   代表跌破長紅K線當天交易的平均成本，容易產生大量的賣壓，長紅K線的多方氣勢已經破壞。

3. **跌破長紅K線的最低點：**

   代表多空易位，轉為空方主導，同時該長紅K線反而變成日後股價上漲的壓力。

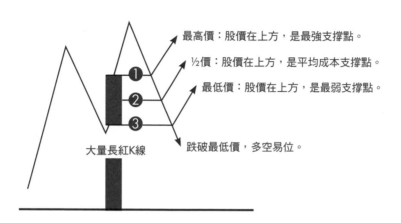

最高價：股價在上方，是最強支撐點。

½價：股價在上方，是平均成本支撐點。

最低價：股價在上方，是最弱支撐點。

跌破最低價，多空易位。

大量長紅K線

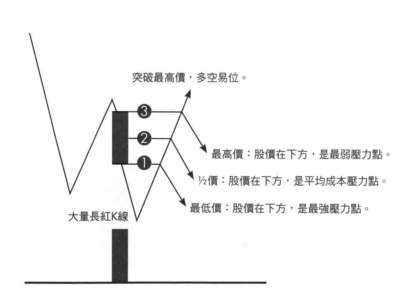

突破最高價，多空易位。

最高價：股價在下方，是最弱壓力點。

½價：股價在下方，是平均成本壓力點。

最低價：股價在下方，是最強壓力點。

大量長紅K線

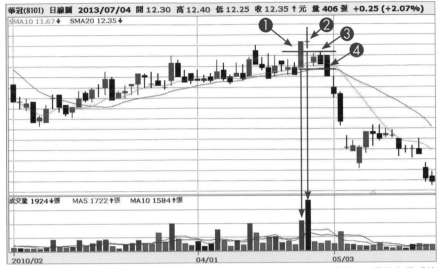

資料來源：富邦e01電子交易系統

❶ 多頭行進中，出現放量長紅K線，突破前面最高點，是繼續上漲的攻擊訊號，應該繼續上漲。

❷ 次日出現股價該攻不攻，而且爆出大量的十字K線，要特別小心，這是危險警訊。

❸ 股價向下跌破長紅K線½平均成本價，多頭攻勢反轉。

❹ 股價向下跌破長紅K線最低點，多空易位，由多轉空。高檔主力出貨明顯。股價急速下殺。

實體長黑K線

定義

開盤與收盤上下幅度達6.5%以上，開高
走低的實體黑K線，而且是沒有上下影線的
實體K棒，即使有，也只能有很小的影線。

開盤價
最高價

最低價
收盤價

解說

在行情走勢圖中不論多頭上漲、空頭下跌或盤整，都可以看
到長黑K線。就單一K線而言，當天開盤是最高價，然後賣壓積
極，最後下跌到最低價收盤，所以當天是空方強。

精通

1. 當天賣壓雖積極，仍要分辨是主力大戶賣出，還是散戶的追
   殺，不同交易人的賣出，造成的結果就不同。換句話說，出
   現長黑K線，並不表示日後一定會繼續下跌。
2. 長黑K線出現在不同趨勢、不同位置，代表的意義就不同，
   甚至完全相反，股友不可不察。要精準的判讀長黑K線，必
   須先區分不同趨勢中的不同位置。

多頭上漲趨勢中的長黑K線

在多頭上漲趨勢中，長黑K線會出現在以下5個位置。

位置1：空頭低檔打底盤整期間

　　代表底部尚未確認，可能是主力再次洗盤的現象，同時仍然沒有止跌的訊號，表示空頭趨勢仍然沒有結束，所以不可以認為股價跌深而去做多。

資料來源：富邦e01電子交易系統

❶ 出現在空頭低檔打底盤整中的長黑K，是主力在洗盤。

位置2：多頭向上行進中

　　通常都是漲多的急速回檔，如果多頭趨勢未變，長黑K繼續
下跌的力道會減弱，配合量縮，是多頭回檔的正常走勢。

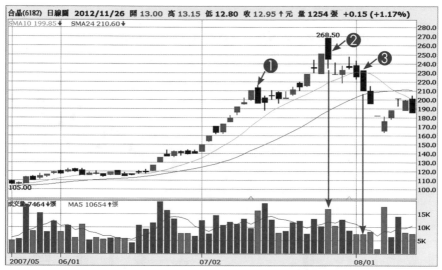

資料來源：富邦e01電子交易系統

❶ 出現在多頭上漲的長黑K，是漲多的回檔。

❷ 在高檔出現爆量的長黑K，是止漲的訊號，次日股價出現下殺，要立刻
　出場。

❸ 多頭回檔的長黑K，雖然量縮，但是沒有止跌的訊號，不可隨便認為股價跌
　的很多，就去買進。

位置3：多頭回檔中

表示回檔尚未結束，還會繼續下跌，無論有量或無量，都不能認為大跌價低而做多買進。必須等到止跌，沒有跌破前面的最低點，股價再上漲收盤過前一日最高點時才考慮進場做多。

資料來源：富邦e01電子交易系統

❶ 多頭回檔的大量長黑K，後面還可能下跌。

❷ 多頭回檔的長黑K，雖然量縮，但是沒有止跌的訊號，不可隨便認為股價跌的很多，就去買進。

位置4：多頭上漲到高點

這是止漲的訊號，如果出現大量或者爆天量，主力出貨的可能性很大，要密切注意次日股價的走勢，出現下殺，要立刻出場。

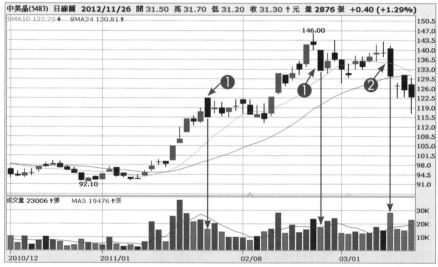

資料來源：富邦e01電子交易系統

❶ 出現在多頭上漲中的長黑K，呈現量縮，是漲多的回檔。

❷ 在高檔爆量的長黑K，是止漲的訊號，次日股價出現下殺，同時波浪型態呈現頭頭低的走勢，要立刻出場。

位置5：多頭行進中的盤整區

　　這是整理區間的洗盤或出貨，要看盤整完後是繼續向上突破，或是向下跌破來決定，所以在盤整區不要操作，靜待突破或跌破再依方向確認。

資料來源：富邦e01電子交易系統

❶ 出現在盤整區的長黑K，雖然呈現量縮，但不是買點，觀察即可。

❷ 帶大量的長紅K，確認突破盤整區，是多單進場買點，股價開始上漲。

空頭下跌趨勢中的長黑K線

在空頭下跌趨勢中,長黑K線會出現在以下6個位置。

位置1:高檔出現頭頭低 第二個頭出現下跌時

一般來說,空頭都會成立,有量的下跌威力比較大,無量也一樣會下跌。

資料來源:富邦e01電子交易系統

❶ 頭部第二個頭出現頭頭低的長黑K線下跌,空頭都會成立。

❷ 有量或無量的長黑K下跌,都會繼續下跌,不可隨便接股票。

位置2：空頭初跌段

通常都會出量，這是代表散戶恐慌性地賣出，行情還會繼續下跌。

位置3：空頭下跌行進中

股價繼續下跌，沒有止跌的訊號出現，無論是否有量，都不能低接。

位置4：空頭反彈結束時

反彈結束，股價繼續下跌，可以順勢做空。

資料來源：富邦e01電子交易系統

❶ 空頭下跌中的長黑K線下跌，行情繼續下跌。

❷ 空頭反彈出現長黑K下跌，反彈結束，順勢繼續做空。

位置5：出現連續急跌時

　　同時出現爆量或窒息量，股價容易反彈，當有上漲的紅K，收盤突破前一日的最高點，可以做短線的搶反彈。

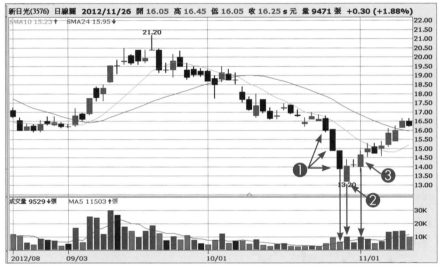

資料來源：富邦e01電子交易系統

❶ 空頭連續急跌長黑K，同時出現窒息量。

❷ 放量紅K，出現止跌訊號。

❸ 放量紅K收盤突破前一日最高點才確認反彈，可以做短線的搶反彈。

資料來源：富邦e01電子交易系統

❶ 空頭連續急跌長黑K，同時出現爆大量。

❷ 出現放量長紅K，是止跌訊號，同時收盤突破前一日最高點，確認反
彈，可以做短線的搶反彈。

位置6：空頭下跌中的盤整跌破

跌破盤整，股價將繼續下跌一段，是做空的機會。

資料來源：富邦e01電子交易系統

❶ 空頭下跌趨勢的盤整，出現大量長黑K線的跌破，是做空的機會，還會繼續下跌一段。

❷ 空頭下跌行進中出現大量長黑K線，不可隨便接股票。

❸ 空頭下跌反彈出現長黑K線，反彈結束，可以準備做空。

大量長黑K線的支撐與壓力

出現大量長黑K線，股價下跌之後，該長黑K線是重要的壓力，壓力分為3個重要觀察價位，分別是長黑K線的最低點、長黑K線的½價位（最高價+最低價，然後除以2），以及長黑K線的最高點。

1. 長黑K線的最低點被突破：

代表向下力道減弱，必須在3~5日之內再跌到長黑K線的最低點之下，否則要注意是否轉折向上反彈。

2. 長黑K線的½價位被突破：

代表長黑K線當天空方交易的平均成本被突破，容易產生大量的回補買單，這時長黑K線的空方氣勢已經出現向上的變化。

3. 長黑K線的最高點被突破

代表多空易位，轉為多方主導的態勢，同時該長黑K線反而變成日後股價上漲的重要支撐觀察點。

❶ **最高價：** 股價在下方，是最弱壓力點，
股價在上方，是最強支撐點。

❷ **½價：** 股價在下方，是平均成本壓力點，
股價在上方，是平均成本支撐點。

❸ **最低價：** 股價在下方，是最強壓力點，
股價在上方，是最弱支撐點。

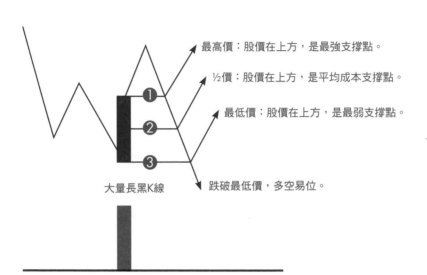

最高價：股價在上方，是最強支撐點。

½價：股價在上方，是平均成本支撐點。

最低價：股價在上方，是最弱支撐點。

1
2
3

大量長黑K線

跌破最低價，多空易位。

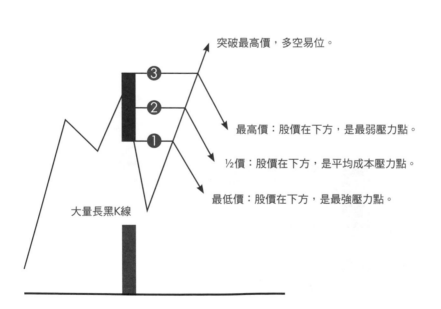

突破最高價，多空易位。

3
2
1

大量長黑K線

最高價：股價在下方，是最弱壓力點。

½價：股價在下方，是平均成本壓力點。

最低價：股價在下方，是最強壓力點。

資料來源：富邦e01電子交易系統

❶ 下跌低檔出現大量長黑K線。

❷ 後2日股價站上大量長黑K的最低點。

❸ 後3日股價站上大量長黑K的 ½。

❹ 股價站上大量長黑K的最高點，反轉成多頭走勢。

資料來源：富邦e01電子交易系統

❶ 出現大量長黑K線的位置

❷ 大量長黑K線的最高點被突破，多空易位，反彈或反轉向上。

小測驗

研讀完本章內容後，請試著回答以下問題：

1 何時出現大量長紅K，表示可以買進？

2 何時出現大量長紅K，表示不能買進？

（答案見次頁）

小測驗解答

1. 何時出現大量長紅K，表示可以買進？
   (1) 空頭急跌、爆量之後的收盤過昨日最高點的大量長紅K。
   (2) 空頭轉多頭打底期間的底底高的大量長紅K。
   (3) 空頭轉多頭第一次過前高，多頭確認的大量長紅K。
   (4) 多頭回檔沒有跌破前面最低點，止跌回升的大量長紅K。
   (5) 走勢當中盤整完成向上突破的大量長紅K。

2. 何時出現大量長紅K，表示不能買進？
   (1) 日線高檔的大量長紅K。
   (2) 連續三根長紅K的位置。
   (3) 接近前高壓力位置的大量長紅K。
   (4) 盤整區中的大量長紅K。。
   (5) 空頭反彈的大量長紅K。
   (6) 多頭出大量後回檔，跌破前低之後的反彈長紅K。

特 別 叮 嚀

行情走勢中，關鍵位置的突破或跌破、多頭的做多位置、空頭做空的位置，大多會出現長紅K線或長黑K線，我們稱為關鍵K棒，讀者要特別關注，別錯失重要的進出場機會。

了解長紅、長黑單一K棒在不同位置的意義，看圖時即能一目了然。

第2章 中紅和中黑、 小紅和小黑K線

實體中紅K線

定義

開盤與收盤上下幅度達4.5%、開低走高的實體紅K線,而且是沒有上下影線的實體K棒,即使有,也只能有很小的影線。

解說

中紅K線,當天開盤是最低價,然後買盤拉抬,最後上漲約2.5～4.5%,到當天最高價收盤,所以當天是多方中強。

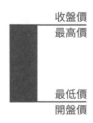

收盤價
最高價

最低價
開盤價

精通

1. 中紅當天的實體要比長紅略短,觀察的重點與長紅K線相同,出現在不同趨勢、不同位置,代表的意義也不同,詳見第2篇第1章。

2. 中紅K線可以合併觀察,例如連續2天或3天的中紅上漲,出

現大量，可視為長紅K線爆大量；如果出現在底部或多頭關鍵上攻的位置，當然很好，但是出現在高檔，日後股價不漲或下跌，可就大大不好了。

資料來源：富邦e01電子交易系統

❶ 空頭低檔連續出現反彈的帶大量中紅K線，合併看就是一根低檔大量長紅K線的吞噬，是轉折向上的訊號。

實體中黑K線

定義

開盤與收盤上下幅度達4.5%以內，開高走低的實體黑K線，而且是沒有上下影線的實體K棒，即使有，也只能有很小的影線。

解說

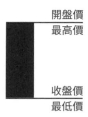

開盤價
最高價

收盤價
最低價

中黑K線，當天開盤是最高價，然後賣盤出籠，最後下跌約2.5～4.5%，到當天最低價收盤，所以當天是空方中強。

精通

1. 中黑當天的實體要比長黑略短，觀察的重點與長黑K線相同，出現在不同趨勢、不同位置，代表的意義也不同，詳見第2篇第1章。

2. 中黑K線可以合併觀察，例如連續2天或3天的中黑下跌，出現大量，可以視為長黑K線爆大量下跌；如果出現在頭部或空頭關鍵下跌位置，自然可以做空，但是出現在低檔，日後股價不跌或上漲，就要注意是否要打底。

實體小紅和小黑K線

定義

開盤與收盤上下幅度在3.5%以下的實體小紅K線和小黑K線。

解說

小紅K線表示當天多頭略強,小黑K線表示當天空頭略強。

精通

1. 在多頭上漲行進中,小紅K線或小黑K線可以視為行進的休息,當天多空雙方都沒有太大的企圖拉或殺股票。

2. 在底部打底、頭部盤頭或一般盤整時的小紅K線或小黑K線,表示沒有什麼波動,股價還要盤整,觀察即可。

3. 多頭連續小紅K線上漲,稱為「碎步上漲」,股價看漲,近日容易出現一根中長紅K線。

4. 空頭連續小黑K線下跌,稱為「碎步下跌」,股價看跌,近日容易出現一根中長黑K線。

5. K線橫盤時也經常出現小紅K線或小黑K線,應靜待橫盤結束後的突破或跌破再動作。

6. 在關鍵位置,例如盤整結束後的突破或跌破、壓力的突破或支撐的跌破、多頭回檔後再上漲、空頭反彈後再下跌,如果出現小紅K線或小黑K線,力道不足,需要再確認較佳。

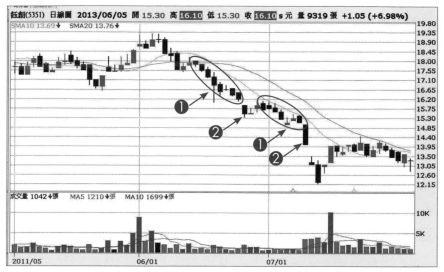

資料來源：富邦e01電子交易系統

❶ 空頭下跌連續出現小黑K線，稱為「碎步下跌」。

❷ 「碎步下跌」容易出現大跌。

第3章 含上影線的 中長紅和中長黑K線

 含上影線的長紅和中紅K線

定義

紅K線實體達2.5%以上，上方留有上影線，但上影線不能大於實體。

解說

在行情走勢圖中，不論多頭上漲、空頭下跌或盤整，都可以看到含上影線的長紅K線或中紅K線。就單一K線而言，當天是多方強，在多方向上時遇到了賣壓，股價會由最高點拉回。

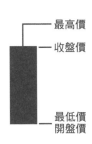

最高價
收盤價
最低價
開盤價

精通

1. 含上影線的長紅K線或中紅K線，即所謂的「線不實」，多方無法把股價收在最高點，被空方壓回而留上影線。
2. 在盤整區出現含上影線的長紅K線或中紅K線，表示向上有壓

力，可能還要整理。

3. 在多頭走勢的關鍵位置，例如盤整突破、壓力突破、多頭回檔後再上漲，如果出現含上影線的長紅K或中紅K線，要看紅K收盤的股價有否突破，如果只是上影線突破，收盤價沒有突破，容易是假突破，次日股價必須開高往上，否則容易遇壓拉回。

4. 多頭上漲的第2或第3根K線，如果出現含上影線的長紅K線或中紅K線，表示漲多後出現獲利賣壓，操作應以個人紀律執行。

5. 多頭上漲到高檔，出現含上影線的長紅K線或中紅K線，如果爆大量，表示主力拉高出貨，日後股價如不漲或下跌，是回檔的訊號。

6. 空頭走勢下跌時，反彈出現含上影線的長紅K線或中紅K線，表示反彈遇到賣壓，容易反彈結束。

7. 空頭走勢下跌到低檔，出現含上影線的長紅K或中紅K線，代表止跌訊號，注意次日的K線發展。

資料來源：富邦e01電子交易系統

❶ 當天出現帶大量及含上影線中紅K線，主力拉高出貨。

❷ 高檔再出現帶大量及含上影線中紅K線，主力拉高出貨。

❸ 股價不漲，跌破盤整，行情走空。

資料來源：富邦e01電子交易系統

❶ 底部打底完成放量上漲。

❷ 遇到前面高點A的壓力，當天出現含上影線中紅K線，表示有賣壓。上影線最高點雖然突破前面高點A，但收盤價沒有突破前面高點A，同時量縮，後面還要再回檔整理。

 含上影線的長黑K線或中黑K線

定義

　　黑K線實體達2.5%以上，上方留有上影線，但上影線不能大於實體。

解說

　　在行情走勢圖中，不論多頭上漲、空頭下跌或盤整，都可以看到含上影線的長黑K線或中黑K線。就單一K線而言，當天是空方強，開盤後股價一度上漲，但空方力道強，股價一路下跌到最底點收盤。

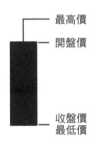

最高價
開盤價
收盤價
最低價

精通

1. 含上影線的長黑K線或中黑K線，無論在多頭或空頭，都是相當弱勢的表現，要注意多頭可能止漲，空頭還會續跌。

2. 在盤整區出現含上影線的長黑K線或中黑K線，表示向上有壓力，可能還要整理。

3. 在空頭走勢的關鍵位置，例如盤整跌破、支撐的跌破、空頭反彈後再下跌，如果出現含上影線的長黑K線或中黑K線，只要收盤價跌破，即可確認。

4. 連續下跌時，出現含上影線的長黑K線或中黑K線，之後股價不跌或向上，配合大量過黑K線的上影線最高點，行情變成反轉向上。

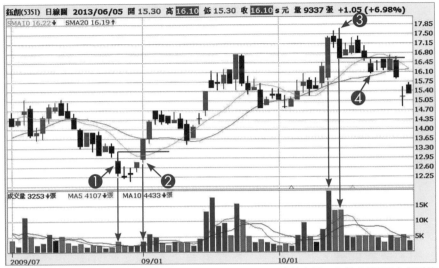

資料來源：富邦e01電子交易系統

❶ 連續下跌出現放量的含上影線的長黑K線，次2日出現小十字變盤線，股
　價不再下跌。

❷ 放量的長紅K線，收盤突破含上影線長黑K線的最高點，行情反轉，由空
　轉多。

❸ 高檔爆量長紅K線，次日股價不漲，次二日出現含上影線的長黑K線。

❹ 含上影線的中黑K線，跌破含上影線長黑K線的最低點，行情反轉，由多
　轉空。

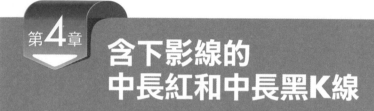

第**4**章 含下影線的
中長紅和中長黑K線

含下影線的長紅或中紅K線

定義

紅K線實體達2.5%以上，下方留有下影線，但下影線不能大
於實體。

解說

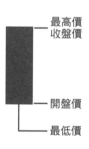

最高價
收盤價

開盤價

最低價

在行情走勢圖中，不論多頭上漲、空頭下
跌或盤整，都可以看到含下影線的長紅K線或
中紅K線。就單一K線而言，當天是多方強，
開盤後曾經跌破平盤下殺，但多方最後拉升
到最高點收盤。

精通

1. 含下影線的長紅K線或中紅K線，在多頭表示繼續上漲，但在
   高檔，要注意爆大量股價不漲或下跌的訊號。
2. 在多頭走勢的關鍵位置，例如盤整突破、壓力的突破、多頭

回檔後再上漲，如果出現大量及含下影線的長紅K線或中紅K線，是上漲攻擊的訊號。

3. 空頭走勢中，出現帶大量及含下影線的長紅K線或中紅K線，可能只是止跌或反彈的訊號，小心是誘多的紅K，不是做多的買點。

4. 連續下跌中遇到支撐，出現含下影線的長紅K線或中紅K線，是有支撐的訊號，注意次日開盤的走勢，如果開高向上，則支撐確認。

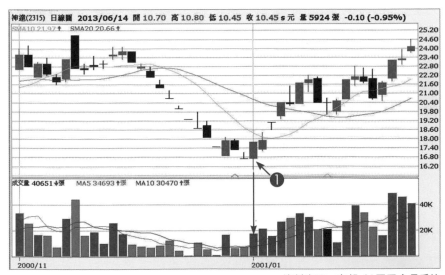

資料來源：富邦e01電子交易系統

❶ 連續下跌到低檔，出現放量及含下影線的中紅K線，是有支撐的訊號，注意後續走勢，如果向上，則支撐確認。

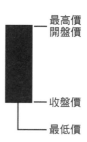

最高價
開盤價

收盤價

最低價

🗣️ 含下影線的長黑或中黑K線

定義

黑K線實體達2.5%以上,下方留有下影線,
但下影線不能大於實體。

解說

在行情走勢圖中,不論多頭上漲、空頭下跌或盤整,都可看
到含下影線的長黑K線或中黑K線。就單一K線而言,當天是空
方強,開盤就是最高點,一路下跌,但下面有多方抵抗的力
量,拉升到收盤價,留下了下影線。

精通

1. 含下影線的長黑K線或中黑K線,在多頭是止漲的訊號,在高
   檔爆大量,股價容易出現一日反轉。

2. 在空頭走勢的關鍵位置,例如盤整跌破、支撐的跌破、空頭
   反彈後再下跌,如果出現帶大量及含下影線的長黑K線或中
   黑K線,是繼續下跌的訊號。

3. 下跌到支撐位置或空頭低檔,出現帶大量及含下影線的長黑
   K線或中黑K線,表示當天跌深後有多單進場拉抬,注意次日
   股價是否止跌或回升。

4. 下跌中遇到支撐,出現含下影線的長黑K線或中黑K線,如果
   收盤價沒有跌破支撐,只是下影線跌破,不是真跌破,次日
   要再確認。

5. 下跌中連續出現含下影線的紅K或黑K線，表示主力殺低吸
   貨，要注意後面止跌反轉的訊號。

資料來源：富邦e01電子交易系統

❶ 多頭回檔出現含下影線的中黑K線，盤中最低點跌破前面K線的橫盤下頸
   線，但收盤價沒有跌破，不是真跌破。後續股價一直沒跌破前面K線的
   橫盤下頸線，多頭維持繼續上漲。

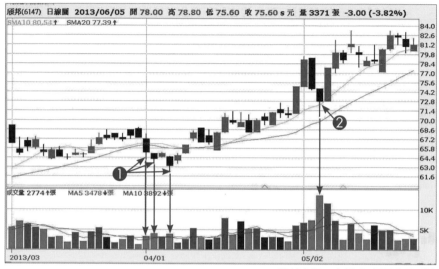

資料來源：富邦e01電子交易系統

❶ 下跌中連續出現含下影線的中黑K線，同時出大量，主力殺低吸貨，容易止跌回升。

❷ 多頭回檔遇到支撐，接近月線出現含下影線的中黑K線，同時爆出大量，是止跌訊號，次日開高走高，多頭繼續上漲。

第5章 鎚子線、吊人線、倒鎚線

鎚子線與吊人線：超長下影線的小實體K線

定義

下影線很長，至少是實體2倍以上。小的實體在上方，實體是紅K或黑K。相同的線型，不分紅K或黑K，實體在上漲走勢的頂端稱為「吊人線」，在下跌走勢的低點稱為「鎚子線」。

解說

沒有上影線，如有必須很小。在高檔，代表多方向上漲勢受阻，盤中跌破開盤，最後的收盤接近開盤價。在低檔，代表空方有止跌現象，下跌到最低點出現向上拉的多方力量，最後收盤拉到接近開盤價。

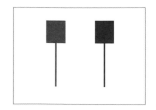

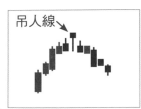

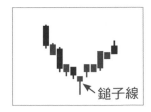

精通

1. 強勢上漲到高點，出現吊人線，以當天情況來看，開盤在高點，接著出現賣壓，最後再拉到最接近最高價做收，可確認當天經過下殺的洗盤換手或者是主力出貨後再往上拉來誘多。要確認主力是否出貨，次日的走勢非常重要。

次日出現以下情況，都是主力出貨，這樣的上漲走勢就會改變，甚至變成上漲架構的瓦解。

- 次日開盤向下跳空大跌，多頭上漲架構瓦解的可能性大大提高，容易一日反轉或做頭。

- 次日開低向下，或開高走低，收盤跌破吊人線的實體下沿，轉折向下的可能性大增，多單要考慮準備出場。

- 在高檔，吊人線當天或前一兩天爆出大量，次日開低向下，或開高走低，幾乎可以確定昨日是主力出貨。

- 高檔連續出現2～3根吊人線或搭配其他下殺的K線訊號（如高檔長黑、變盤線、出大量開高走低下跌黑K等），轉折向下的機率高。

2. 強勢下跌到低點，出現鎚子線，以當天的情況來看，開盤在高點，接著出現賣壓，盤中到達最低點後，多頭反攻，往上再拉到最高價或接近開盤價做收，可以確認當天經過原先空頭走勢的下跌，然後有一些多方力量介入，要確認多頭是否反攻成功，次日的走勢非常重要。

次日出現以下情況，都是先下跌後多方反攻，下跌走勢可能改變，甚至是空頭架構被破壞，成為向上回升的訊號。

- 次日開盤向上跳空大漲，空頭結構瓦解的可能性大大提

高，容易一日反轉或打底。

● 次日開高走高或開低向上，收盤突破鎚子線實體的上沿，
轉折向上的可能性大增，空單要考慮出場。

● 在低檔，鎚子線當天或前一兩天爆出大量，或者當天出現
窒息量，次日開高向上，幾乎可以確定是轉折向上反彈。

● 下跌到低檔或重要支撐位置，出現鎚子線，也可視為向下
打樁的長釘，如果連續出現2～3根的鎚子，打樁的型態
越加明顯，容易形成止跌回升或強力反彈。

資料來源：富邦e01電子交易系統

❶ 高檔帶大量吊人線，次日向下跳空下跌，整個多頭架構改變。

亞泥(1102) 日線圖 2013/07/04 開 35.90 高 35.90 低 35.70 收 35.70↑元 量 305 張 +0.20 (+0.56%)

資料來源：富邦e01電子交易系統

❶ 前一日高檔大量長紅，當日該上攻沒有上漲，出現吊人線，要特別注意
　不能跌破吊人線實體下沿，否則可能是假突破、真下跌。次日跳空下跌
　長黑，轉成空頭。

❷ 低點出現鎚子，實體上沿被突破，整個空頭架構改變。

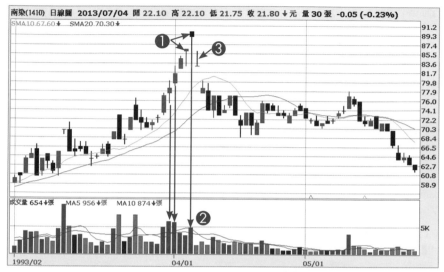

資料來源：富邦e01電子交易系統

❶ 上漲到高檔，連續出現2天的吊人線，是主力在誘多，不能買進，要特別注
意次日不能開低盤。

❷ 連續上漲出現價量背離，隨時都會轉折下跌。

❸ 次日跳空下跌，不僅會下跌，而且整個多頭架構都會改變。

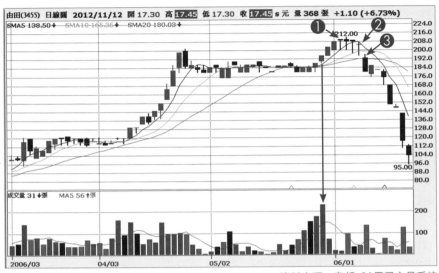

資料來源：富邦e01電子交易系統

❶ 上漲到高檔，連續出現3天的吊人線，是主力在誘多，不能買進，要特別注意次日不能開低盤。

❷ 開低盤，收盤跌破吊人線的實體下沿，轉折下跌。

❸ 跳空下跌，不僅會下跌，而且整個多頭架構都會被破壞。

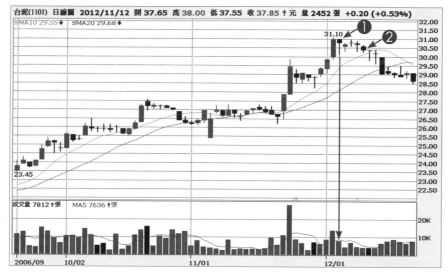

資料來源：富邦e01電子交易系統

❶ 上漲到高檔，前一日為大量長紅，今日沒有繼續上攻，出現黑K吊人線，是轉折向下訊號，要特別注意次日不能開低盤，或者收盤跌破吊人線的實體下沿。

❷ 連續3天都在吊人線的實體下方收變盤線，第4天往下跌，整個多頭架構都容易改變。

資料來源：富邦e01電子交易系統

❶ 高檔連續出現吊人線，是轉折向下訊號，要特別注意。

❷ 長黑K跌破吊人線的實體下方，開始做頭。

❸ 高檔再次出現吊人線，次日向下跳空，形成三尊頭，而且頭頭低，空頭架構即將形成。

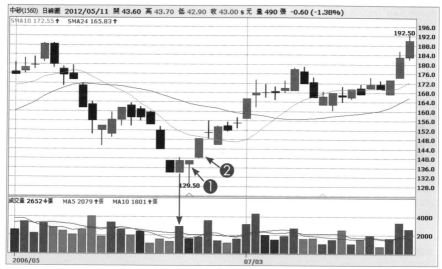

資料來源：富邦e01電子交易系統

❶ 下跌到低檔，出現鎚子線，前一日為大量中紅止跌，是轉折向上訊號，要特別注意次日，如果開高盤向上，確定轉折向上。

❷ 次日開高走高，整個空頭架構改變。

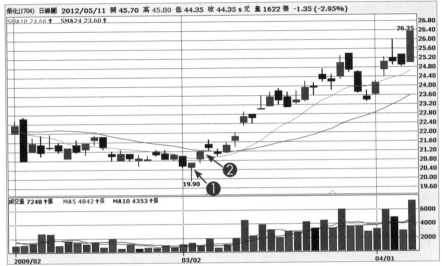

資料來源：富邦e01電子交易系統

❶ 下跌到低檔盤整，出現鎚子線，是轉折向上訊號，要特別注意次日，如果開高盤向上，確定轉折向上。

❷ 次日開高走高，整個空頭架構改變。

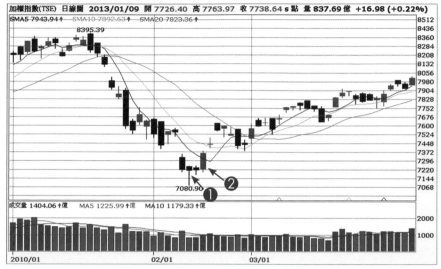

資料來源：富邦e01電子交易系統

❶ 下跌到低檔，出現鎚子線，是轉折向上訊號，次日再出現小十字線的變盤線，注意轉折向上的訊號。

❷ 當天開高走高，長紅突破前3日K線最高點，整個空頭架構改變。

資料來源：富邦e01電子交易系統

❶ 上漲到高檔，出現爆量含下影線長黑K線，是轉折向下訊號，次日若開低股價，容易一日轉折向下。

❷ 高檔出現帶大量吊人線，要注意次日開盤走勢。

❸ 當天出現開低走低長黑K線，股價將反轉。

❹ 低檔連續兩天出現鎚子線，注意股價是否止跌回升。

❺ 股價止跌，再出現鎚子線。

❻ 連續3天股價都突破鎚子線實體上沿，空頭反轉確認。

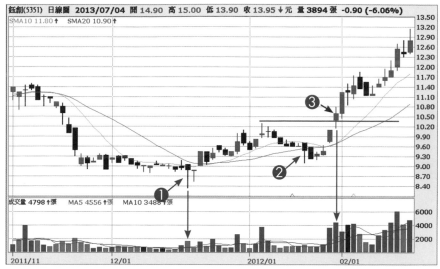

資料來源：富邦e01電子交易系統

❶ 下跌到低檔出現鎚子線，是轉折向上訊號。

❷ 低檔第2次出現鎚子線，注意可能是雙腳打樁，後續股價向上，空頭底部呈現底底高，容易反轉成為多頭。

❸ 大量突破前面最高點，多頭確認。

倒鎚線：超長上影線的小實體K線

定義

上影線很長，至少是實體的2倍以上。小的實體在下方，實體
可以是紅K或黑K。

解說

在多頭上漲或反彈走勢中出現倒鎚線，是
容易轉折向下變盤的訊號。在下跌走勢或
多頭回檔出現倒鎚線，是容易轉折向上變
盤的訊號。

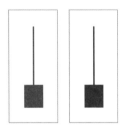

精通

　出現倒鎚線，一定要用第二天的K線來確認，否則在上漲中
只能解讀為遇到大壓力，在下跌中只能解讀為出現上攻力量。
從次日開盤走勢，可以看出是往上還是往下轉折。

在多頭上漲出現倒鎚線：

1. 次日開低向下，收盤低於倒鎚線實體下沿，可確認為轉折向
　　下。如倒鎚線當天或前1、2日出現大量，更可確認為反轉。
2. 連續出現2根倒鎚線，其中出現爆大量，或者第2根倒鎚線跳
　　空向下，更能確定走勢是反轉走跌。
3. 出現2根倒鎚線，即使次日再上漲，高點也不會太多，謹防
　　假過高、真拉回。

4. 出現2根倒鎚線，第2根倒鎚線最低點被跌破時，多單要出。

5. 多頭高檔時，K線頻頻出現倒鎚線，表示上檔賣壓重，要注意股價不漲或回跌。

6. 上漲遇到重要壓力位置，出現倒鎚線，表示賣壓出現，要注意次日股價開低容易折返。

7. 多頭上漲時，倒鎚線突破前面高點、盤整末端突破上頸線，要確認上漲是否衝破重要壓力，觀察重點如下：

   ● 只有倒鎚線的上影線突破，但實體沒有突破，不能視為有效突破，容易成為假突破，要注意後面幾天走勢。

資料來源：富邦e01電子交易系統

❶ 高檔出現2次倒鎚線，這是轉折向下訊號，次日跌破倒鎚線實體下沿，確定轉折向下。

- 倒鎚線實體突破，必須有大量；無量的倒鎚線，即使實體突破，也容易拉回。
- 未突破壓力前的K線出現爆大量的長紅K線，突破當天如出現倒鎚線，要注意股價容易回檔。

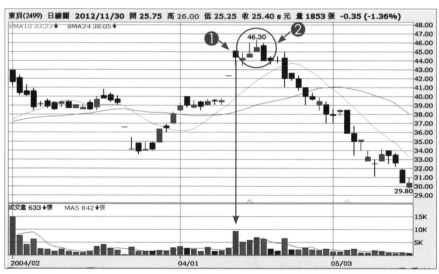

資料來源：富邦e01電子交易系統

❶ 高檔出現爆量吊人線，注意行情轉折。

❷ 高檔出現2次倒鎚線，是轉折向下訊號，次日跌破倒鎚線實體下沿，多頭架構破壞，確定轉折向下。

在空頭下跌出現倒鎚線：

1. 次日開高向上，收盤高於倒鎚線實體上沿，可確認為轉折向上，如果倒鎚線當天或前1、2日出現大量或窒息量，更可確

認為反轉。

2. 連續出現2根倒鎚線，或者第2根倒鎚線是跳空向上，更能確定走勢是反轉向上。

3. 出現2根倒鎚線，即使次日再下跌，要注意低點也不會太多，謹防假跌破、真向上。

4. 出現2根倒鎚線，第2根倒鎚線最高點被突破時，空單要出。

5. 空頭低檔時，K線頻頻出現倒鎚線，表示多方屢次試圖反攻，要注意股價不跌或回升。

6. 下跌遇到重要支撐位置，出現倒鎚線，表示支撐力道出現，要注意次日股價開高上漲訊號。

7. 空頭下跌時，倒鎚線跌破前面低點、盤整末端跌破下頸線，要確認下跌是否跌破重要支撐，觀察重點如下：

● 只要倒鎚線的實體跌破，即使上影線沒有跌破，仍為有效跌破，但要注意後面幾天的走勢。

● 倒鎚線跌破，不一定有大量，有量和無量的倒鎚線實體跌破，都會造成下跌。

● 未跌破支撐前的K線出現爆大量的長黑K線，或窒息量的黑K線，接著出現倒鎚線，可視為止跌訊號，後續要注意是否反轉。

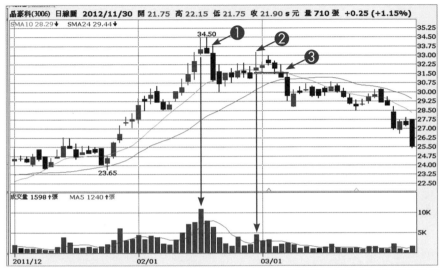

資料來源：富邦e01電子交易系統

❶ 高檔出現並排雙倒鎚線，同時爆大量，注意行情轉折，次日長黑K跌破倒鎚線實體下沿，轉折向下。

❷ 反彈出現倒鎚線，是轉折向下訊號。

❸ 倒鎚線跌破前面倒鎚線實體下沿，同時波浪型態出現頭頭低，多頭架構破壞，確定轉折向下。

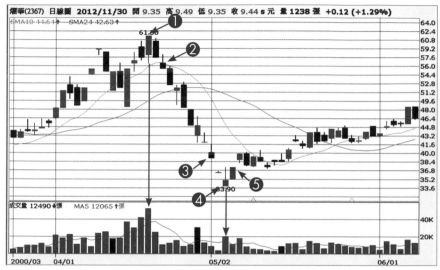

資料來源：富邦e01電子交易系統

❶ 高檔爆大量的中紅K，次日開盤向下，出現股價不漲，此時要注意轉折訊號。

❷ 出現倒鎚線，跌破前3日K線低檔是轉折向下。

❸ 低檔出現倒鎚線，但是次日股價開低，持續下跌。

❹ 低檔再次出現放量倒鎚線。

❺ 次日股價開高走高，收盤突破前一日倒鎚線的實體上沿，股價易反彈。

資料來源：富邦e01電子交易系統

❶ 高檔爆大量的紅K倒鎚線，次日開高走低，出現股價不漲，要注意轉折回檔訊號。

❷ 連續3天出現帶大量倒鎚線，雖然上影線過前面高點，但收盤價一直沒突破前面高點，均為假突破。

❸ 再出現大量後的轉折向下黑K線，頭部形成三尊頭，空頭即將完成。

資料來源：富邦e01電子交易系統

❶ 下跌到低檔出現大量後的倒鎚線，是轉折向上訊號。

❷ 次日跳空向上，確認轉折向上。

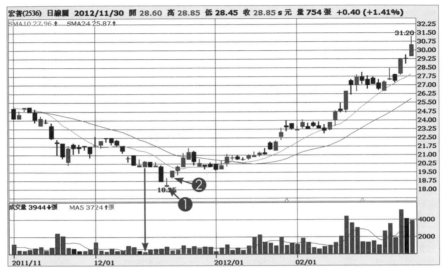

資料來源：富邦e01電子交易系統

❶ 下跌到低檔出現窒息量後的倒鎚線，是轉折向上訊號。

❷ 次日跳空向上，確認轉折向上。

資料來源：富邦e01電子交易系統

❶ 上漲到高檔出現大量長紅，接著出現小十字線及中黑的倒鎚線，次日開低走低，跌破倒鎚線實體，股價轉折向下。

❷ 低檔出現大量長黑，次日出現倒鎚線，第三天開高走高，長紅突破倒鎚線實體，確認轉折向上。

❸ 多頭回檔接近月線，出現帶大量鎚子線，表示下檔有支撐，後續股價不跌，股價容易繼續上漲。

資料來源：富邦e01電子交易系統

❶ 上漲到高檔出現帶大量倒鎚線，收盤沒有突破前面高點A，接著3天的股價都無法過高，股價容易拉回。

❷ 觀察之後的盤整走勢，每次放大量的倒鎚線之次日走低，都會造成股價拉回。

❸ 上漲連續2天大量，遇前壓出現黑K，次日容易下跌。

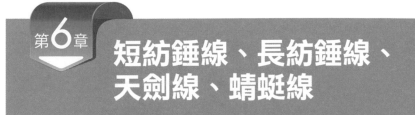

短紡錘線：含上影線及下影線的中長實體K線

定義

實體是中長紅或是中長黑，含有上影線及下影線。

解說

當天無論是紅K線多方強，或是黑K線空方強，都出現上下的拉鋸，換句話說，當天不是一面倒的強多或強空。

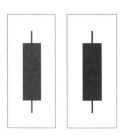

精通

1. 在一般位置的判斷上，與中長紅K線及中長黑K線差不多。
2. 在關鍵位置表示，上方出現一些壓力，下方出現一些支撐。

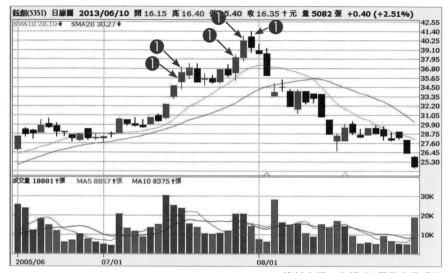

資料來源：富邦e01電子交易系統

❶ 上漲到高檔，陸續出現含上影線及下影線的K線，多空開始拉鋸，注意股價的轉折下跌。

長紡錘線：含長上影線及長下影線的小實體K線

定義

　　上下影線很長，至少是實體的2倍以上。小的實體在中間，實體可以是紅K或黑K。相同的線型，不分紅K或黑K，實體在上漲的頂端或下跌的低點，都稱為長紡錘線。

解說

　　這種K線表示當天多空雙方拉鋸激烈，最後收盤接近開盤，呈現多空平手的格局。在高檔，表示多方上漲已經遭到很大的壓力，股價變動劇烈，盤中一度向上，但是漲勢受阻，最後回到接近原點。在低檔，表示下跌遭遇很大的抵抗，有止跌現象，盤中下跌到最低點後出現買盤向上拉的多方力量，最後的收盤拉到接近開盤價。

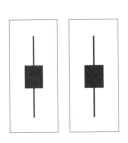

精通

1. 強勢上漲到高點，出現長紡錘線，表示當天出現多空激戰。必須觀察次日的走勢，才能夠確認多空交戰結果是多方或空方勝。

　　● 次日開盤向下跳空大跌，多頭上漲架構瓦解的可能性大大提高，如果有大量，容易一日反轉或做頭。

　　● 次日開低向下或開高走低，收盤跌破長紡錘線的實體下

沿，轉折向下的可能性大增，多單要考慮準備出場。

● 在高檔，長紡錘線當天或前1、2天爆出大量，次日開低向下或開高走低，幾乎可以確定是昨日主力出貨。

● 高檔出現連續2～3根的長紡錘線，或搭配其他下殺的K線訊號（如高檔長黑、變盤線、大量開高走低下跌黑K等），轉折向下的機率越高。

● 上漲到壓力位置前出現大量長紡錘線，轉折回跌的機率很高，要注意次日走勢。

2. 強勢下跌到低點，出現長紡錘線，表示原先空頭走勢的下跌之後，有多方買進，同時盤中多方曾經上攻到高點，是止跌的訊號。次日出現以下情況，下跌走勢可能改變，甚至是空頭架構被破壞而轉折回升。

● 次日開盤向上跳空大漲，空頭結構瓦解的可能性大大提高，容易一日反轉或打底。

● 次日開高走高或開低向上，收盤突破長紡錘線實體的上沿，轉折向上的可能性大增，空單要考慮回補。

● 在低檔，長紡錘線當天或前1、2天爆出大量，次日開低向上或開低走高，幾乎可以確定是昨日主力吸貨。

● 下跌到低檔出現連續2～3根的長紡錘線，或搭配其他止跌的K線訊號（如大量長紅、變盤線、大量開低走高上漲紅K吞噬等），轉折向上的機率越高。

● 下跌到支撐位置前出現大量長紡錘線，轉折上漲的機率很高，要注意次日走勢。

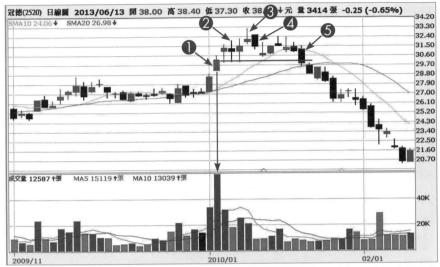

資料來源:富邦e01電子交易系統

❶ 上漲到高檔,出現帶大量含上影線長紅,後續股價要續漲。

❷ 連續3日出現長紡錘線橫盤,注意可能轉折向下的變盤,股價不可以下跌。

❸ 再出現高檔天劍(見下節說明),也是變盤訊號。

❹ 黑K跌破天劍線,且連續4天變盤線橫盤,注意股價下跌。

❺ 中黑跌破頭部10天橫盤K線的低點,股價快速反轉下跌。

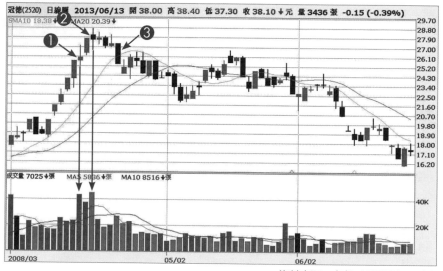

資料來源：富邦e01電子交易系統

❶ 上漲到高檔，出現帶大量的天劍線，注意後續股價不漲要回檔。

❷ 高檔長紡錘線及後續3天股價橫盤不漲，注意轉折向下的可能性很高。

❸ 長黑K跌破連續4天橫盤變盤K線，股價反轉下跌。

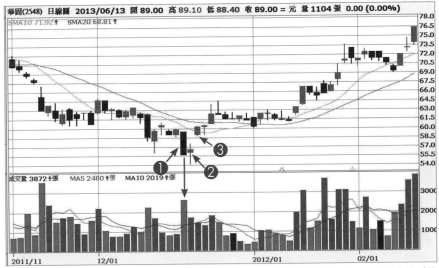

資料來源：富邦e01電子交易系統

❶ 下跌到低檔，出現帶大量的長黑K線。

❷ 出現止跌的長紡錘線，是否止跌回升，次日走勢很重要。

❸ 次日向上跳空上漲，長紅K突破黑K線最高點，股價止跌回升。

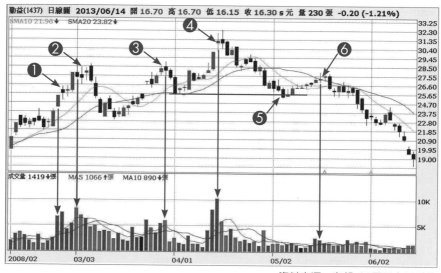

資料來源：富邦e01電子交易系統

❶ 上漲中出現2根長紡錘K線，稱為雙星變盤，次日股價如下跌將回檔。

❷ 高檔出現1根倒鎚K線、2根長紡錘K線，次日股價如下跌將回檔。

❸ 上漲中出現2根長紡錘K線，次日股價如下跌將回檔。

❹ 上漲中出現2根長紡錘K線，次日股價如下跌將回檔。

❺ 股價回檔跌破前面低點，趨勢改變。

❻ 反彈中出現2根長紡錘K線，次日股價如下跌空頭完成。

天劍線與蜻蜓線：含長上影線或長下影線的小實體K線

定義

天劍線：上影線很長，至少是實體的2倍以上，實體很小甚至沒有實體，下影線很短。實體不分紅K或黑K，在上漲的頂端或在下跌的低點，都稱為天劍線。

蜻蜓線：下影線很長，至少是實體的2倍以上，實體很小甚至沒有實體，上影線很短。實體不分紅K或黑K，在上漲的頂端或在下跌的低點，都稱為蜻蜓線。

解說

1. 在高檔，天劍線及蜻蜓線都是轉折向下的重要訊號。在高檔的天劍線，代表多方上漲已經遭到很大的壓力，當天股價變動劇烈，盤中一度向上，但漲勢受阻，最後回到接近開盤或開盤價。在高檔的蜻蜓線，代表多方開盤後，空方盤中下殺到最低點，雖然最後拉回到接近開盤或開盤價，表示多頭上漲已經出現空方下跌的力量，盤中多方的力量很小。

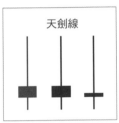

天劍線

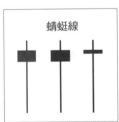

蜻蜓線

2. 在低檔，天劍線及蜻蜓線都是轉折向上的重要訊號。在低檔的天劍線，代表空方開盤後，多方盤中上漲到最高點，雖然最後拉回到接近開盤或開盤價，表示空頭下跌已經出現多方上漲的力量，盤中空方的力量很小。在低檔的蜻蜓線，代表空方下跌已經遭到很大的抵抗，當天股價變動劇烈，盤中一度向下到最低點，但是遭到多方力量的上漲，最後拉回到接近開盤或開盤價。

精通

1. 強勢上漲到高點，出現天劍線或蜻蜓線，是上漲的重要變盤線。要密切注意次日走勢，確認是否變盤，尤其是當天或前一日如出現大量，變盤的機率更高。

 ● 次日開盤向下跳空大跌，多頭上漲架構瓦解的可能性大大提高，如果有大量，容易一日反轉或做頭。

 ● 出現帶大量的天劍線或蜻蜓線之後回跌，日後股價即使再上漲，往往都無法突破天劍線或蜻蜓線的最高點，波浪型態容易出現頭頭低的做頭。

2. 多頭上漲的途中，如出現天劍線或蜻蜓線，次日走勢非常重要，換句話說，次日如果下跌，則容易回檔，若是連續2天或3天都出現天劍線或蜻蜓線，變盤機率更高。

3. 強勢下跌到低點如出現天劍線或蜻蜓線，是重要變盤線訊號。要密切注意次日走勢，確認是否變盤，尤其當天或前一日出現大量或窒息量，變盤的機率更高。

 ● 次日開盤向上跳空大漲，空頭下跌架構瓦解的可能性大大提高，如果有大量或窒息量，容易一日反轉或打底。

 ● 下跌的天劍線或蜻蜓線如果轉折上漲之後，股價即使再下跌，往往不容易跌破天劍線或蜻蜓線的最低點，波浪型態容易出現底底高的打底。

4. 空頭下跌的途中，如出現T字線與墓碑線，次日走勢非常重要，換句話說，次日如果上漲，則容易反彈，若是連續2天或3天都出現天劍線或蜻蜓線，變盤機率更高。

資料來源：富邦e01電子交易系統

❶ 上漲行進中出現蜻蜓線，次日股價如果不跌，將會續漲。

❷ 高檔出現大量天劍線，次日股價下跌將回檔。

❸ 下跌行進中出現蜻蜓線，次日股價如果不漲，將會續跌。

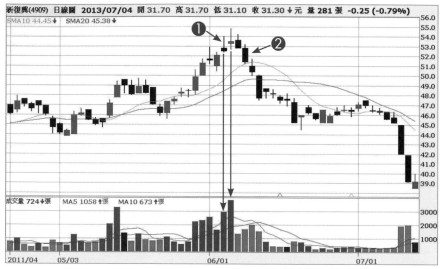

新復興(4909) 日線圖 2013/07/04 開 31.70 高 31.70 低 31.10 收 31.30 ↓元 量 281 張 -0.25 (-0.79%)

資料來源：富邦e01電子交易系統

❶ 高檔連續出現2根帶大量的天劍線，注意股價不能下跌。

❷ 股價長黑，收盤跌破2根帶大量的天劍線實體下沿，出現一日反轉下跌的走勢。

資料來源：富邦e01電子交易系統

❶ 下跌低點出現鎚子線。

❷ 次日出現止跌的蜻蜓線訊號。

❸ 出現放量長紅K，收盤突破蜻蜓線，股價轉折上漲。

資料來源：富邦e01電子交易系統

❶ 下跌低點出現蜻蜓線。

❷ 底部打底再次出現蜻蜓線訊號，呈現雙腳打樁訊號。

❸ 出現放量長紅K，收盤突破前高，多頭確認，股價上漲。

❹ 高檔出現蜻蜓線，次日開高走高，化解下跌疑慮。

第7章 T字線、墓碑線、十字線、一字線

➤ T字線與墓碑線

定義

　　T字線：開盤價與收盤價相同，沒有實體棒，盤中下跌到最低點，最後收盤拉到開盤價。

　　墓碑線：也稱為倒T字線，開盤價與收盤價相同，沒有實體棒，盤中上漲到最高點，最後收盤拉回到開盤價。

解說

　　在高檔，T字線與墓碑線都是轉折向下的重要訊號。T字線代表多方開盤後就一路下跌，雖然收盤時拉回到開盤價，顯示多方已經無法上漲，盤中出現空方下殺的力量。墓碑線代表開盤多方一度上漲，但是遭到很大的壓力，當天股價漲勢受阻，最後回到開盤價。

　　在低檔，T字線與墓碑線都是轉折向上的重要訊號。T字線代

表空方開盤後就一路下跌，但是出現多方向上的力量，收盤時拉回到開盤價。墓碑線代表開盤多方一度上漲到最高點，雖然最後回到開盤價，顯示空方已經無法再下跌，盤中出現多方上漲的力量。

精通

1. 強勢上漲到高點，如出現T字線或墓碑線，是上漲的重要變盤線。要密切注意次日走勢，確認是否變盤，尤其當天或前一天如出現大量，變盤的機率更高。

   ● 次日開盤向下跳空大跌，多頭上漲架構瓦解的可能性大大提高，如果有大量，容易一日反轉或做頭。

   ● 出現大量的T字線或墓碑線回跌之後，股價即使再上漲，往往都無法再突破T字線或墓碑線的最高點，再轉折向下就容易出現波浪型態頭頭低的改變。

2. 多頭上漲的途中，如出現T字線或墓碑線，次日走勢非常重要，換句話說，次日如果下跌，容易回檔，若是連續2天或3天都出現T字線或墓碑線，變盤機率更高。

3. 強勢下跌到低點，如出現T字線或墓碑線，是重要變盤線訊號。要密切注意次日走勢，確認是否變盤，尤其當天如出現大量或窒息量的T字線或墓碑線，變盤的機率更高。

   ● 次日開盤向上跳空大漲，空頭下跌架構瓦解的可能性大大提高，如果有大量或窒息量，容易一日反轉或打底。

   ● 下跌的T字線或墓碑線反彈之後，股價即使再下跌，往往不容易再跌破T字線或墓碑線的最低點，波浪型態容易出

　　現底底高的打底。

4. 空頭下跌的途中，如出現T字線或墓碑線，次日走勢非常重要，換句話說，次日如果上漲，容易反彈，若是連續2天或3天都出現T字線或墓碑線，變盤機率更高。

資料來源：富邦e01電子交易系統

❶ 上漲高檔出現爆大量的T字線，次日如開低下跌容易回檔。

❷ 高檔再次出現長黑，跌破4天的變盤線訊號，高檔容易盤頭。

❸ 高檔再次出現長黑，跌破反彈鎚子線的實體下沿，盤頭出現3次長黑的下跌轉折，頭部空頭架構即將完成。

資料來源：富邦e01電子交易系統

❶ 上漲高檔出現爆大量的長紅線。

❷ 高檔出現變盤的T字線，次日開平走低，股價轉折向下。

❸ 高檔上漲出現黑K吞噬，注意次日只能向上，否則容易盤頭出現頭頭低的趨勢改變。

❹ 長黑跌破吞噬黑K低點及前面低點，高檔出現兩次轉折向下的K線組合，空頭趨勢確認。

資料來源：富邦e01電子交易系統

❶ 上漲高檔出現爆大量的天劍線，次日開低走低，股價轉折向下。

❷ 下跌行進出現變盤的地劍線，次日開平走低，繼續下跌。

❸ 下跌行進出現變盤的墓碑線，次日開高走低，繼續下跌。

❹ 開高走低大量長黑K，繼續下跌。

❺ 下跌到低檔，出現帶大量的墓碑線要注意次日是否變盤。

❻ 向上跳空長紅，突破墓碑線最高點，轉折向上反彈。

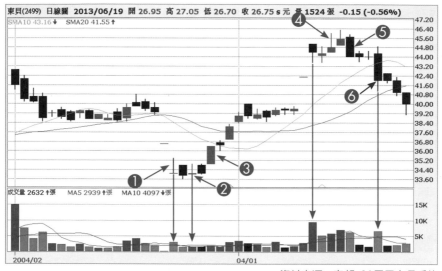

資料來源：富邦e01電子交易系統

❶ 下跌低檔出現放量變盤的墓碑線，注意次日走勢。

❷ 再次出現變盤的墓碑線。

❸ 開高走高長紅K，突破底部4根橫盤K線的最高點，轉折向上反彈。

❹ 高檔連續出現3根變盤線。

❺ 長黑K線跌破倒鎚線實體下沿，出現轉折向下訊號。

❻ 大量長黑K線跌破7根K線，頭部出現。

十字線與一字線

定義

十字線：開盤價與收盤價相同，沒有實體棒，上影線與下影線幾乎等長。

134

一字線：當天開盤價、收盤價、最高價、最低價都是同一價，表示當天是漲停板或是跌停板。

解說

1. 十字線表示，當天多方與空方力量相當。上漲到高檔，出現空方相抗衡的力量，是轉折向下的訊號 。

2. 下跌到低檔，出現十字線，表示當天多方與空方力量相當，下跌出現多方抵抗的力量，是轉折向上的訊號。

3. 十字線出現在上漲或下跌行進中，可視為多空當天的休戰，多頭次日可能繼續上漲，空頭次日可能繼續下跌。

4. 出現十字線時，要注意第二天K線的走勢，以確定是休戰還是變盤。

5. 當天開盤漲停板的一字線，如果位於多頭走勢的起漲位置、盤整的突破位置、突破壓力的位置，是強勢上漲的表現。這是主力刻意造勢的結果，因為一開盤就漲停板，一般人根本買不到，所以不一定有大成交量。有經驗的投資人，會保留該股繼續觀察，如果是強勢股或飆股，是做多的好標的，可以鎖股操作。

6. 在空頭下跌走勢中，如果出現漲停板的一字線，是強力反彈的現象，後續可能止跌回升或打底。

7. 當天開盤跌停板的一字線，如果位於空頭走勢的起跌位置、盤整的跌破位置、跌破支撐的位置，是強勢下跌的表現。這

是主力刻意造勢的結果，因為一開盤就跌停板，一般人根本賣不掉，所以沒有有大成交量。要謹防次日恐慌性大量下殺，如果是頭部剛開始，是做空的好標的，可以鎖股操作。

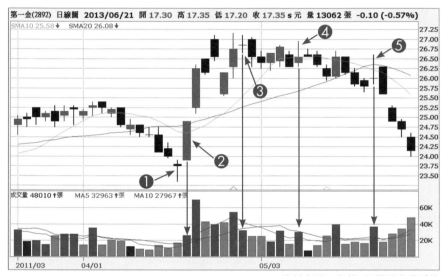

資料來源：富邦e01電子交易系統

❶ 下跌低檔出現放量變盤的蜻蜓線，注意次日走勢。

❷ 次日開高走高，出現帶大量長紅K線，轉折向上。

❸ 高檔出現變盤十字線，注意次日走勢。

❹ 連續5日沒有突破變盤十字線，然後出現變盤倒鎚線。

❺ 股價漸漸下跌，出現大量和變盤天劍線，轉折向下訊號。次日長黑K跌破變盤天劍線，呈現轉折向下的空頭走勢。

❶ 下跌低檔出現窒息量的十字線，注意次日走勢。次日開高走高，出現帶大量長紅K線，轉折向上。

❷ 回檔出現量縮變盤十字線，注意次日走勢。次日開高走高，出現帶大量長紅K線，股價繼續向上。

❸ 多頭回檔，出現止跌變盤十字線，注意後面走勢。

❹ 次2日，帶大量長紅K線向上突破，股價繼續上漲。

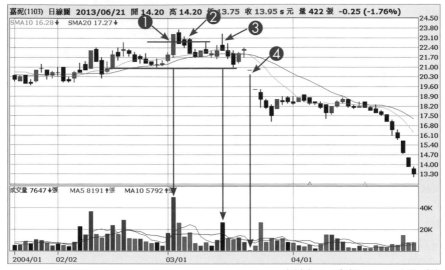

資料來源：富邦e01電子交易系統

❶ 高檔出現爆量長紅K線，要注意股價不能回檔。

❷ 長黑K線跌破爆量長紅K線的½，多頭轉弱。

❸ 高檔橫盤出現帶大量倒鎚線，注意次日走勢，開低向下容易做頭。

❹ 主力用開盤跌停板，直接跌破盤整的低點，空頭確認，無量下跌，讓觀望的多單無法賣出而套牢。

資料來源：富邦e01電子交易系統

❶ 主力用開盤漲停板，直接突破前面高檔的壓力，多頭確認，主力強勢做多的表現，當天跳空向上，多數人無法買到，所以沒有大量。

❷ 次日續漲，出現爆大量的十字線，要注意次日走勢。

❸ 行進中出現的休息十字線，次日股價繼續走高，則維持上漲不變。

第8章

單一K線的應用

高檔和低檔

高檔K線

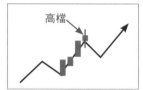

高檔❶ 多頭上漲到第3根或第4根以上的位置。

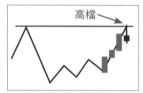

高檔❷ 多頭上漲到壓力的位置。

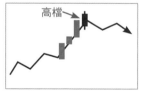

高檔❸ 多頭趨勢的末升段位置。

高檔❹ 空頭反彈到第3根或第4根以上的位置。

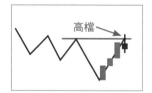

高檔❺ 空頭反彈到壓力的位置。

低檔K線

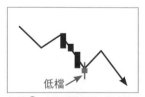

低檔❶ 空頭下跌到第3根或第4根以上的位置。

低檔❷ 空頭下跌到支撐的位置。

低檔❸ 空頭趨勢的末跌段位置。

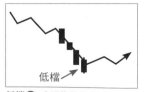

低檔❹ 多頭回檔到第3根或第4根以上的位置。

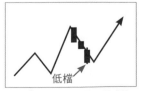

低檔❺ 多頭回檔到支撐的位置。

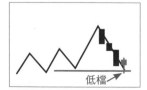

　　高檔和低檔的概念非常重要，仔細觀察以下2張圖，多頭上漲時，每上漲3～5天到一段高檔，幾乎都會出現大量，這時再配合K線的變化，很容易看出即將轉折向下回檔修正。

資料來源：富邦e01電子交易系統

❶ 大量紅K線突破前面高點，多頭確認，次日股價如不漲，開始回檔。

❷ 多頭上漲到第3根爆大量，次日出現天劍變盤線，容易回檔。

❸ 多頭上漲到第3根出大量，次2日出現變盤墓碑線，容易回檔。

❹ 多頭上漲到第3根爆大量，次2日連續出現變盤紡錘線，容易回檔。

❺ 股價高檔爆大量後開始盤頭。

❻ 帶大量長黑K線跌破前面低點，空頭確認。

資料來源：富邦e01電子交易系統

❶ 空頭下跌，連續2日出現十字線，次日爆大量上漲，股價反彈。

❷ 空頭下跌，出現紡錘線，次2日帶大量紅K上漲，股價反彈。

❸ 空頭下跌，出現倒錘線，次2日向上跳空上漲，股價反彈。

❹ 空頭下跌，出現墓碑線，次日帶大量長紅K上漲，股價反彈。

❺ 空頭下跌，出現墓碑線，次日帶大量長紅K吞噬，股價反彈。

❻ 空頭下跌，出現跌停板一字線，次日帶大量長紅K上漲吞噬，股價強勢反彈。

凶多吉少：多頭轉折向下的變盤線

當股價上漲到高檔，出現以下K線，都是止漲的K線訊號，統稱為變盤線，要特別注意是否要反轉，如果在當天或前1、2天出現大量或爆大量，就更容易反轉向下。

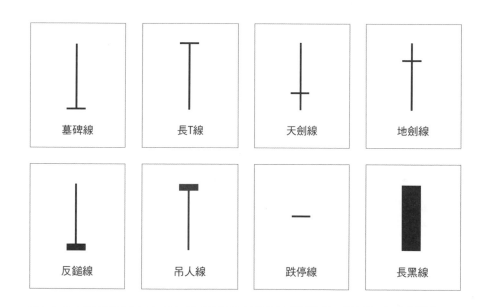

| 墓碑線 | 長T線 | 天劍線 | 地劍線 |

| 反鎚線 | 吊人線 | 跌停線 | 長黑線 |

注意事項：

1. 以上K線出現在高檔，是變盤徵兆的回檔線形，要注意次日走勢。
2. 如果高檔爆出大量、價量背離現象，KD指標死亡交叉，更容易反轉走跌。
3. 上升走勢遇到壓力位置，出現變盤K線，反轉走跌的機率很高，要密切注意次日的K線強弱。
4. 上升走勢遇到壓力位置，如果爆出大量，股價收盤沒突破壓力，同時出現變盤K線，反轉走跌機率更高，要密切注意次日的K線強弱。

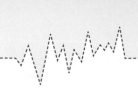

資料來源：富邦e01電子交易系統

❶ 高檔出大量後價量背離。

❷ 高檔出現凶多吉少變盤線，KD指標死亡交叉，轉折向下機率很高。

❸ 次日長黑K下跌，股價反轉。

資料來源：富邦e01電子交易系統

❶ 高檔出現帶大量天劍變盤線，次日向下走低則反轉，次日開高走高則繼續上漲。

❷ 高檔出大量的變盤線，KD指標死亡交叉，轉折向下機率很高，次日長黑K下跌，股價反轉。

❸ 面臨前面高點的壓力出現帶大量長紅K線，要特別注意，股價不能下跌，否則就要反轉。

❹ 高檔壓力前出現帶大量的變盤線，KD指標死亡交叉，轉折向下機率很高，後4日長黑K下跌，股價反轉。

逢凶化吉：空頭轉折向上的變盤線

　　當股價下跌到低檔，出現以下的K線，都是止跌的K線訊號，統稱為變盤線，要特別注意是否要反轉，如果在當天或前1、2天出現大量、爆大量或窒息量，就更容易反轉向上。

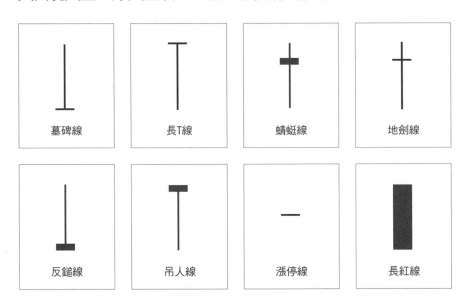

注意事項：
1. 以上K線出現在低檔，是變盤徵兆的反彈線形，要注意次日走勢。
2. 如果低檔爆出大量、窒息量，價量背離現象，KD指標黃金交叉，更容易反轉反彈。
3. 下跌走勢遇到支撐位置，出現變盤線，反轉走升的機率很高，要密切注意次日的K線強弱。
4. 下跌走勢遇到支撐位置，如爆出大量，股價收盤沒跌破支撐，同時出現變盤K線，反轉上漲的機率更高，要密切注意次日的K線強弱。
5. 出現並肩雙變盤線，或橫盤多根變盤線時，變盤機率更高，密切注意次日走勢應變。

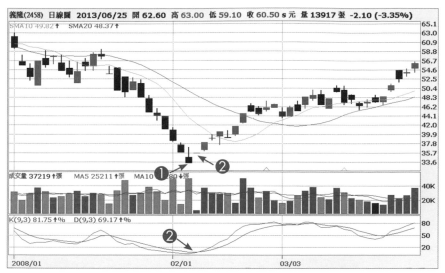

資料來源：富邦e01電子交易系統

❶ 低檔出大量變盤倒鎚線，容易反彈，注意次日走勢。

❷ 出現漲停板變盤線，KD指標黃金交叉，股價反轉。

資料來源：富邦e01電子交易系統

❶ 低檔帶大量長黑K線後出現止跌變盤蜻蜓線，易止跌，注意後面走勢。

❷ 再出現蜻蜓線變盤線，也是雙腳打樁，次日大量長紅確認反轉。

147

53.70

2 根 K 線 看 轉 折

連續2根K線，昨日是長紅，今天卻是長黑；
或者昨日是長黑，今天卻是長紅，這是怎麼
回事？

長紅配上長黑，是重要的轉折訊號，能夠第
一時間觀察其中變化，就能精確掌握行情的
轉變。

第1章 高檔2根K線轉折向下的基本型態

背誦口訣

左長紅右長黑

定義

左邊上漲幅度達2.5%以上的中長紅K線，右邊下跌幅度達2.5%以上的中長黑K線，2根K線構成上漲高點或頭部反轉向下的型態，2根K線必須是中長實體，可以有小的上下影線。

解說

在走勢上漲中，昨天是長紅K線，但今天收盤卻是一根並肩的長黑K線，很明顯的，昨天多方強力上漲的力量，今天被空方完全克服。這是股價上漲轉折向下的K線基本型態。

精通

1. 上漲在高檔，是一組轉折向下的訊號（次頁圖1）。

2. 在空頭起跌的位置，要提高警覺，小心是騙線，主力假上

攻、真下跌，投資人不可不察（圖2）。

3. 在空頭走勢中，是反彈結束訊號（圖3）。

4. 出現在盤整區，表示主力還沒有上攻的企圖。

資料來源：富邦e01電子交易系統

❶ 漲到高檔，出現爆量，次日出現並肩長黑，是轉折向下訊號，要注意次日走勢，跌破黑K最低點，行情反轉。

❷ 下跌後反彈，再次出現並肩紅黑K線，次日向下跳空，空頭確認。

151

資料來源：富邦e01電子交易系統

❶ 上漲到高檔，出現爆量，次日出現並肩長黑，是轉折向下訊號，要注意次日走勢。

❷ 橫盤3日後帶大量長黑K，跌破橫盤低點，頭部完成，行情反轉。

第**2**章

高檔2根K線轉折向下的變化組合

高檔左中長紅，右中長黑的2根K線轉折向下的基本型態，以2根K線相對位置的不同，可分為以下5組變化，每組代表的意義及轉折的強弱不相同。

🗣 高檔雙K線轉折向下的變化組合

基本型態
長紅長黑

長黑遭遇
一日封口

長黑覆蓋
烏雲罩頂

母子懷抱
不懷好意

長黑吞噬
主力出貨

破底貫穿
一路向下

一日封口：高檔「遭遇」雙K線

定義

　2根K線構成上漲高點或頭部反轉向下的組合，這2根K線為中長紅及中長黑的實體，可以有小的上下影線。

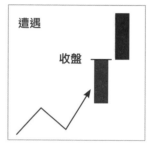

解說

1. 上漲走勢到明顯高檔，出現中長紅K線，第2天出現中長黑K線，黑K開高出現賣壓走低，收盤接近中長紅K線的收盤價，是一組上漲遇壓力的止漲K線訊號。
2. 這組雙K線也可視為「一日缺口封閉」，當天向上跳空開高，但收盤回到昨日紅K線的收盤，把開盤的缺口給封閉，是弱勢的表現。

精通

1. 遭遇組合是5組反轉訊號中最弱的，只能視為止漲，多頭可能還會續漲，最好再觀察一天確認是否反轉。
2. 多頭上漲中出現遭遇組合，如果爆大量，轉折機率大增，做多要小心，不可追多。
3. 空頭反彈出現遭遇組合，是反彈結束的訊號，要把握做空的機會。

資料來源：富邦e01電子交易系統

❶ 上漲到高檔，出現帶大量長紅，次日出現爆大量的長黑遭遇，是轉折向下訊號強烈，要注意次日走勢。

❷ 回檔盤整，再上漲時出現爆大量墓碑線，是遇強大壓力的變盤線，做多要格外小心，注意日後走勢。

資料來源：富邦e01電子交易系統

 空頭反彈，出現帶大量黑K遭遇，反彈結束，次日向下繼續空頭走勢。

烏雲罩頂：高檔「覆蓋」雙K線

定義

　　2根K線構成上漲高點或頭部反轉向
下組合，這2根K線為中長紅及中長黑
的實體，可以有小的上下影線。上漲的
高點，出現上漲中長紅K線，次日開高
盤，盤中創新高價，可是收盤在最低價
附近，而且進入紅K線的實體部分。

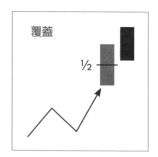

　　上漲走勢到明顯高檔，出現中長紅K線，第2天出現中長黑K線（烏雲罩頂），當天開高盤創新高，但賣壓出籠，收盤跌破前一日中長紅K線的收盤價做收，可以確認當天是空方力道強，多方無法控制上漲，同時有出貨的現象。這是一組上漲遇壓力的止漲K線訊號，要注意是否會轉折向下。

精通

1. 覆蓋（烏雲罩頂）的黑K線越長，轉折的力道越強。

2. 黑K線收盤雖然跌入紅K線實體，但沒有達紅K線的½，反轉訊號力道較弱，最好再觀察一天確認是否反轉。

3. 黑K線收盤如果跌破紅K線的½，可視為反轉的訊號。

4. 黑K線收盤越向下深入紅K線實體，反轉向下的可能性越高。如果跌破紅K線實體的最低點，就形成長黑吞噬。

5. 出現覆蓋的2根K線時，最高點H和最低點L是重要的壓力或支撐觀察點，收盤突破最高點H，會出現一波上漲；反之，如跌破最低點L，容易出現一波下跌。

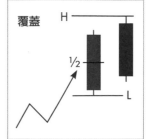

6. 出現覆蓋後，走勢出現在L與H之間的橫向盤整，通常多為做頭的訊號，盤整再次出現轉折向下訊號，頭部形成機率大增，要特別注意，甚至可以做空。

7. 覆蓋的2根K線如果又有爆大量情形，更加容易反轉向下。

資料來源：富邦e01電子交易系統

❶ 上漲到高檔，出現爆量，次日出現覆蓋（烏雲罩頂），開高收低的長黑 K線，跌破前一日長紅K線的½，轉折向下訊號，要注意次日走勢。

❷ 高檔橫盤，出現大量長黑吞噬K線，空頭向下態勢明顯，多單要出場。

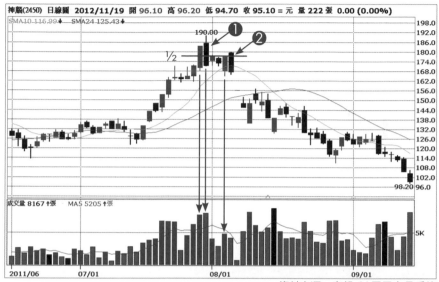

資料來源：富邦e01電子交易系統

❶ 上漲到高檔，連續出現大量，同時出現覆蓋（烏雲罩頂），開高收低的
長黑K線，跌破前一日長紅K線的½，轉折向下訊號明顯。

❷ 反彈長紅K線的½呈現壓力，再次出現覆蓋（烏雲罩頂），空頭向下態勢
明顯，多單要出場。

資料來源：富邦e01電子交易系統

❶ 上漲到高檔，出現第1組覆蓋（烏雲罩頂）長黑K線。

❷ 上漲到高檔，出現第2組覆蓋（烏雲罩頂）長黑K線。

❸ 大量長紅突破第2組覆蓋（烏雲罩頂）長黑K線最高點，多空易位。

❹ 大量長紅突破第1組覆蓋（烏雲罩頂）長黑K線最高點，多頭續攻。

❺ 再次出現跌破前一日長紅K線的½的覆蓋（烏雲罩頂）長黑K線，次日跌
破長紅K線最低點，出現一日反轉下跌走勢。

母子懷抱：高檔「懷抱」雙K線

定義

　　由2根K線構成，上漲高檔出現中長
紅，次日出現不過高也不破低的黑K
線，中長紅K線稱為母線，次日黑K線稱
為子線。

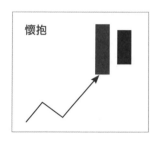

解說

　　上漲到明顯高檔，出現母子懷抱的K線組合，代表上漲走勢
突然變為不確定，以兩天的情況來看，多空雙方的力量突然呈
現拉鋸，多頭上漲力道減弱，方向可能要轉折向下，是一組上
漲的止漲K線訊號，要注意是否會轉折向下。

精通

1. 母子懷抱是以K線實體來看，與子線長短、有否上下影線或
　 紅黑都沒關係。
2. 母子懷抱多空開始不安定，容易上下震盪幾天，母線紅K線
　 的最低點是重要觀察位置，跌破將反轉確認。
3. 母子懷抱的子線如果是十字線，反轉
　 力道大於一般的母子懷抱，是強力反
　 轉的訊號，出現這雙K線組合，投資
　 人要特別警覺，不可輕忽，很容易形
　 成高檔夜星轉折的3根K線組合。

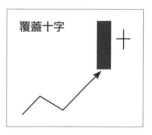

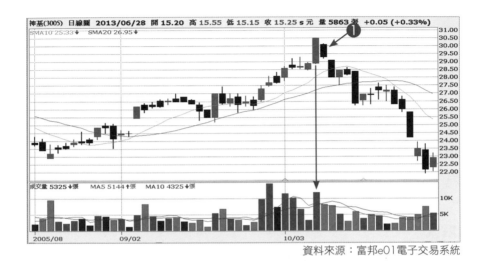

資料來源：富邦e01電子交易系統

❶ 上漲到高檔，前一日出現帶大量長紅K線，當天出現母子懷抱黑K線，轉折向下訊號，次日開低走低，行情反轉。

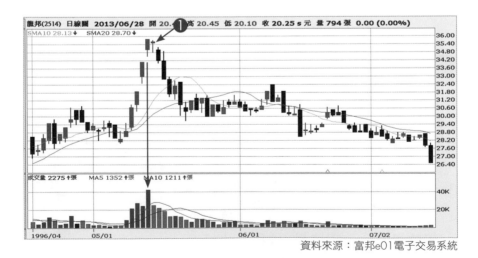

資料來源：富邦e01電子交易系統

❶ 快速上漲到高檔，前一日出現大量長紅K線，當天出現母子懷抱蜻蜓變盤K線，是轉折向下訊號，次日開低走低，行情快速反轉。

資料來源：富邦e01電子交易系統

❶ 快速上漲到高檔，前一日出現帶大量長紅K線，當天出現母子懷抱十字
線，是強烈轉折向下訊號，次日開高走低，行情快速反轉。

🗣️ 主力出貨：高檔「長黑吞噬」雙K線

定義

　上漲走勢到高檔，出現長黑K線，把
前一日上漲的紅K完全包覆。黑K線的
實體完全吞噬前一根紅K線的實體。

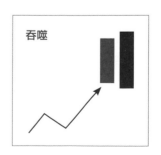

吞噬

解說

　　上漲走勢到明顯高檔，出現轉折向下的吞噬黑K線，表示當日開高走低，收盤跌破前一日最低點，賣壓出籠，多空主控權產生易位，是雙K線轉折向下5個組合中反轉最強的訊號。

精通

1. 被吞噬的紅K線越小，吞噬的黑K線越長，轉折的力道越強。

2. 吞噬當日或前一日出現大量，反轉訊號越強，轉折向下機率越高。

3. 短線連續上漲或急漲，獲利達15%以上，出現長黑吞噬的K線，一日反轉的機率很高，持有多單應該出場或者減碼一半賣出。

4. 一根黑K線，一次吞噬就跌破前面2~3根K線的最低點，反轉越強（也稱為3線反黑）。

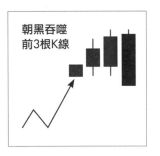

朝黑吞噬
前3根K線

5. 高檔出現爆量長黑吞噬K線後下跌，要特別注意，日後再上漲到長黑吞噬的K線，會形成重大的壓力。換句話說，再上漲是多單逃命波，不可追多，這時容易形成「頭頭低」的頭部型態。

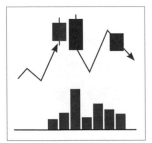

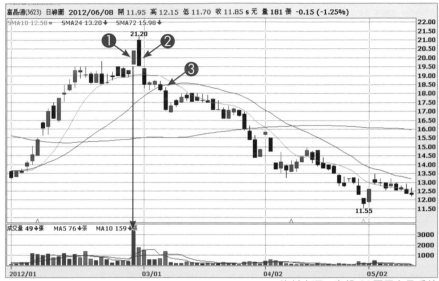

資料來源：富邦e01電子交易系統

❶ 上漲到高檔，出現爆天量中紅K線，並且突破橫盤K線，是多單進場點。

❷ 當天出現長黑吞噬K線，強烈反轉訊號，容易一日反轉，形成假突破，多單要立刻出場。

❸ 黑K跌破盤整的頭部，形成假突破、真下跌，要反手做空。

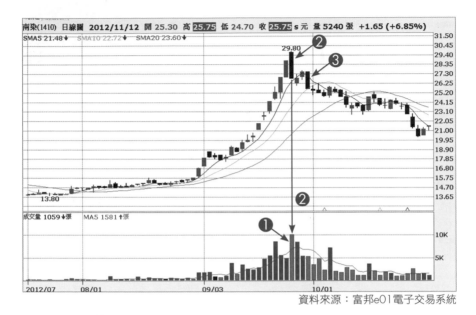

資料來源：富邦e01電子交易系統

❶ 上漲到高檔，出現價量背離，要特別注意止漲下跌的K線訊號。

❷ 當日爆量，出現長黑吞噬K線，多單要立刻出場。

❸ 反彈不過前高，再出現長黑吞噬K線，跌破前4根K線最低點，轉成空頭。

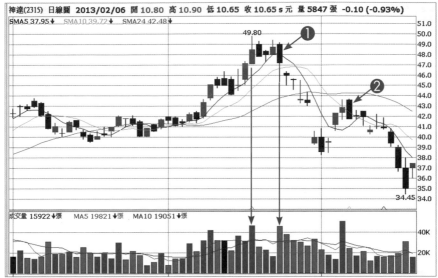

資料來源：富邦e01電子交易系統

❶ 上漲到高檔，當日出現大量，開高收低長黑吞噬K線跌破橫盤3根K線，
  強烈反轉訊號，多單要立刻出場。

❷ 下跌反彈不過前高，再出現長黑吞噬K線，繼續下跌。

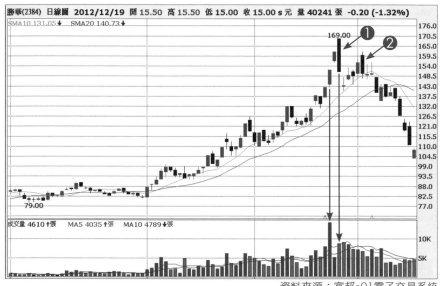

資料來源：富邦e01電子交易系統

❶ 上漲到高檔，爆大量後上漲二天，出現長黑吞噬K線強烈反轉訊號，多單要出場或減碼。

❷ 長黑吞噬下跌後的反彈是逃命波，再出現長黑吞噬K線，形成空頭下跌，多單要全部出場。

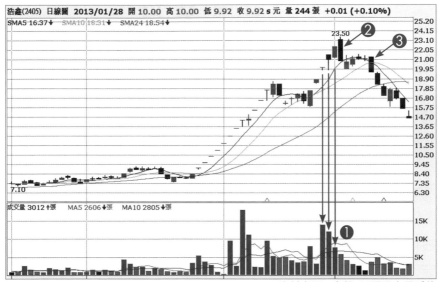

資料來源：富邦e01電子交易系統

❶ 上漲到高檔，出現價量背離，要特別注意止漲下跌的K線訊號。

❷ 當日出現長黑吞噬K線，多單要立刻出場。

❸ 反彈不過前高為逃命波，再一次出現長黑吞噬K線，跌破前4根K線，變成空頭。

一路向下：高檔「長黑貫穿」雙K線

定義

上漲走勢到高檔，出現長黑K線，開盤即下跌，收盤跌破前一日中長紅K的實體最低點。

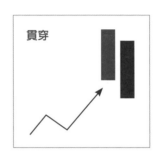

貫穿

解說

上漲走勢到明顯高檔，出現轉折向下的貫穿黑K線，表示當日開低走低，收盤跌破前一日紅K最低點， 空方當天向下貫穿，多空主控權產生易位，容易一日反轉。

精通

1. 貫穿的黑K線越長，轉折的力道越強。

2. 貫穿當日或前一日出現大量，反轉訊號越強，轉折向下機率越高。

3. 短線連續上漲或急漲，獲利達15%以上，出現長黑貫穿的K線，一日反轉的機率很高，持有多單應該立刻出場。

4. 一根黑K線，一次貫穿就跌破前面2~3根K線的最低點 （也可稱為3線反黑），反轉越強。

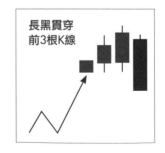

長黑貫穿
前3根K線

5. 高檔出現爆量長黑貫穿K線後下
跌，要特別注意，日後再上漲到
長黑貫穿的K線，會形成重大的壓
力，換句話說，再上漲是多單逃命
波，不可追多，這時容易形成「頭
頭低」的頭部型態。

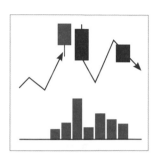

資料來源：富邦e01電子交易系統

❶ 上漲到高檔，爆大量後次日出現長黑貫穿K線，形成一日反轉，多單要
立刻出場。

❷ 長黑貫穿下跌後的反彈是逃命波，再出現長黑貫穿K線後，形成一日反
轉的跳空下跌。

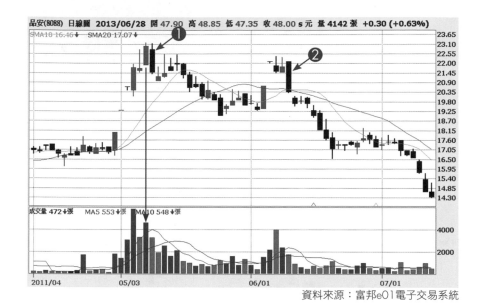

資料來源：富邦e01電子交易系統

❶ 上漲到高檔，爆大量後出現長黑貫穿K線，多單要出場。

❷ 長黑貫穿下跌後的反彈是逃命波，再出現長黑吞噬K線後，形成一日反轉的跳空下跌。

第3章 低檔2根K線轉折向上的基本型態

左長黑右長紅

定義

　　左邊下跌幅度達2.5%以上中長黑K線，右邊上漲幅度達2.5%以上中長紅K線，2根K線構成下跌低點或底部反轉向上型態，2根K線必須為中長的實體，可以有小的上下影線。

解說

　　走勢下跌中，昨天是長黑K線，但今天收盤卻是一根並肩的長紅K線，很明顯的，昨天空方強力下跌的力量，今天被多方完全克服。這是股價下跌轉折向上的一組K線基本型態。

精通

1. 下跌在低檔，是一組轉折向上的訊號（次頁圖1）。

2. 在多頭起攻的位置，要提高警覺，小心是騙線，主力假下

跌，真上漲，投資人不可不察（圖2）。

3. 在多頭走勢中，是回檔結束訊號（圖3）。

4. 出現在盤整區，表示主力還沒有下殺的企圖。

資料來源：富邦e01電子交易系統

❶ 下跌到低檔，爆大量後出現長黑，再出現並肩長紅K線，是轉折向上訊號。

❷ 次日上漲，收盤突破並肩2根K線最高點，行情反轉。

資料來源：富邦e01電子交易系統

❶ 上漲到高檔，出現並肩左長紅右長黑的2根K線轉折組合，容易回檔。

❷ 回檔到低檔，出現左長黑右長紅的的2根K線轉折組合，容易止跌，繼續
多頭走勢。

第4章 低檔2根K線轉折向上 的變化組合

　　低檔左中長黑、右中長紅的2根K線轉折向上的基本型態，可以分為下面5組變化，每組代表的意義及轉折的強弱不相同。

基本型態
長黑長紅

長紅遭遇
一日封口

長紅覆蓋
旭日東升

母子懷抱
光明在望

長紅吞噬
主力吸貨

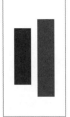

穿頭貫穿
一路向上

一日封口：低檔「遭遇」雙K線

定義

2根K線構成下跌低點或底部反轉向上組合，這2根K線為中長黑及中長紅的實體，可以有小的上下影線。

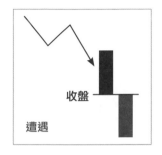

解說

1. 下跌走勢到明顯低檔，出現中長黑K線，第2天出現中長紅K線，當日開低出現買盤上漲，收盤接近中長黑K線的收盤價，是一組下跌遇支撐的止跌K線訊號。

2. 遭遇組合是5個組合中反轉最弱的訊號，只能視為止跌，可能還會續跌，最好再觀察一天確認是否反轉。

精通

1. 空頭下跌中出現遭遇型態，如果無量，次日向上，是弱勢反彈。如果急跌爆量，次日向上，則是強勢反彈，都是逆勢反彈，搶反彈買進都要小心。

2. 空頭下跌中出現遭遇組合，如果爆大量，轉折機率大增，做空要小心，不可追空。

3. 多頭回檔出現遭遇組合，是回檔結束的訊號，如果次日出量上漲，是多頭續漲的訊號，要把握做多的機會買進。

資料來源：富邦e01電子交易系統

❶ 空頭下跌中出現遭遇紅K，為一日開低走高封口，量縮的止跌，但是不可搶進做多。

❷ 次日不過前高，無法反彈，後面繼續下跌。

資料來源：富邦e01電子交易系統

❶ 空頭急跌出現遭遇組合，為一日開低走高封口的止跌，要看次日。

❷ 出現帶大量上漲紅K線，並且過遭遇黑K線的最高點，容易反彈到前波下跌的起跌點A。

 旭日東升：低檔「覆蓋」雙K線

定義

2根K線構成下跌低點或底部反轉向上組合，這2根K線為中長黑及中長紅的實體，可有小的上下影線。在下跌的低檔，出現下跌中長黑K線，次日開低盤，盤中破新低價，可是收盤突破平盤，紅K實體進入黑K線的實體內，但沒突破黑K實體的最高點。

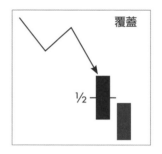

解說

下跌走勢到明顯低檔，出現中長黑K線，第2天出現中長紅K線（旭日東升），當天開低盤破新低價，但買盤進入，收盤突破前一日長黑K線的收盤價做收，可確認當天是多方力道強，已經出現空方無法控制下跌，同時有進貨的現象，是一組下跌遇支撐的止跌K線訊號，要注意是否會轉折向上。

精通

1. 覆蓋（旭日東升）的紅K線越長，轉折的力道越強。
2. 紅K線收盤如果漲進黑K線實體，但是沒有達到黑K線的½，反轉訊號力道較弱，最好再觀察一天確認是否反轉。

3. 紅K線收盤如果突破黑K線的½以上，可視為反轉的訊號。

4. 紅K線收盤越向上深入黑K線實體，反轉向上的可能性越高。
   如果突破黑K線實體的高點，就形成長紅吞噬。

5. 出現覆蓋的2根K線時，這2根K線的最高點H和最低點l是重
   要的壓力或支撐觀察點。收盤突破最高點H，會出現一波上
   漲；如跌破最低點l，容易出現一波下跌。

6. 出現覆蓋後，走勢出現在H與l之
   間的橫向盤整，通常多為打底的訊
   號，盤整再次出現轉折向上訊號，
   底部形成機率大增。

7. 覆蓋的2根K線如有爆大量情形，更
   容易反轉向上。

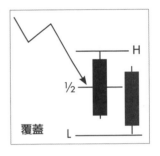

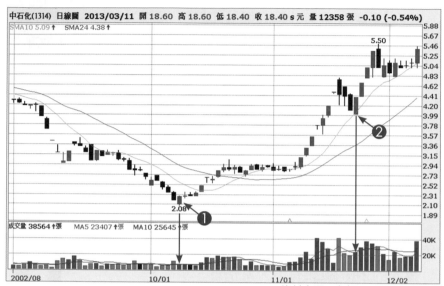

資料來源：富邦e01電子交易系統

❶ 下跌到低檔，量縮紅K覆蓋，弱勢反彈。

❷ 多頭回檔，出現量增紅K覆蓋，多頭轉折向上訊號，次日上漲是買點。

資料來源：富邦e01電子交易系統

❶ 下跌到到低檔，放量紅K覆蓋，次日過高反彈。

❷ 下跌不破前低71.9，出現量增紅K上漲，突破前面高點，打底完成，是買點。

母子懷抱：低檔「懷抱」雙K線

定義

　由2根K線構成，下跌低檔出現中長黑，次日出現不過高也不破低的紅K線，中長黑K線稱為母線，次日紅K線稱為子線。

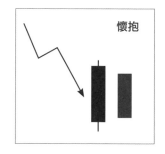

懷抱

解說

　下跌到明顯低檔，出現母子懷抱的K線組合，代表下跌走勢突然變得不確定，以兩天的情況來看，多空雙方的力量突然呈現拉鋸，空頭下跌力道減弱，方向可能要轉折向上，是一組下跌的止跌K線訊號，要注意次日是否會轉折向上。

精通

1. 母子懷抱是以K線實體來觀察，與子線長短、有否上下影線或紅黑都沒關係。
2. 出現母子懷抱，多空開始不安定，容易上下震盪幾天，母線黑K線的最高點是重要觀察位置，突破將反轉確認。
3. 母子懷抱的成交量要注意觀察，母量大於子量，出現價漲量縮的背離，次日要放量上漲化解背離，否則不易反轉成功，次日容易下跌。
4. 母子懷抱的成交量，子量大於母量，則是價漲量增，次日容易上漲反轉。

5. 出現母子懷抱，長黑K線的最高點與最低點是重要觀察點，
   向上突破最高點，多空易位，多方反轉掌控主動權。反之，
   向下跌破最低點，空方繼續主導下跌。

6. 出現母子懷抱，次日開盤位置很重要，開高容易向上反轉，
   開低容易下跌。

7. 母子懷抱次2日仍然沒有突破或跌破，要注意可能形成下降
   三法型態（見第4篇）。

8. 母子懷抱的子線如果是十字線，反
   轉力道大於一般的母子懷抱，是
   強力反轉的訊號，出現這雙K線組
   合，投資人要特別警覺，不可輕
   忽，因為會很容易形成低檔晨星轉
   折的3根K線組合。

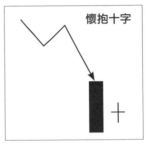

懷抱十字

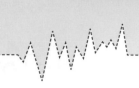
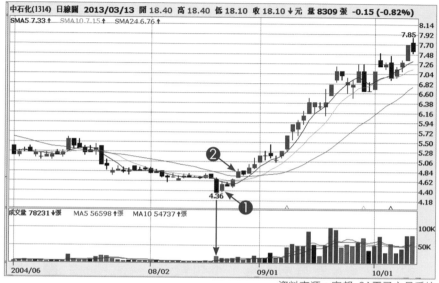

資料來源：富邦e01電子交易系統

❶ 下跌到低檔，長黑後的母子懷抱，為反彈訊號。

❷ 開盤跳空向上，突破長黑K線最高點，反轉確認。

186

資料來源：富邦e01電子交易系統

❶ 下跌到低檔，長黑後的母子懷抱，為反彈訊號。

❷ 次日開盤向上，突破長黑K線最高點，反轉確認。

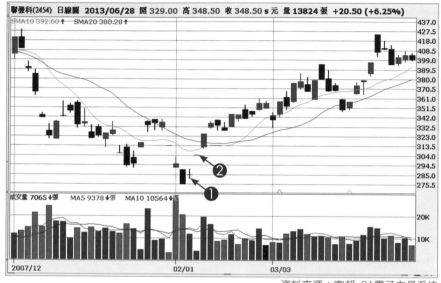

資料來源：富邦e01電子交易系統

❶ 下跌到低檔，長黑後的母子懷抱十字，為強力反彈訊號。

❷ 次日開盤向上跳空漲停板，量縮惜售，反轉確認。

主力吸貨：低檔「長紅吞噬」雙K線

定義

下跌走勢到低檔，出現長紅K線，把前一日下跌的黑K完全包覆，紅K線的實體完全吞噬前一根黑K線的實體。

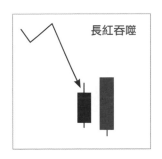

長紅吞噬

解說

下跌走勢到明顯低檔，出現轉折向上的吞噬紅K線，表示當日開低走高，收盤突破前一日最高點，多方買盤出籠，多空主控權產生易位。長紅吞噬是5組向上雙K線轉折訊號最強的組合，空單要立刻回補。

精通

1. 被吞噬的黑K線越小，吞噬的紅K線越長，轉折的力道越強。

2. 吞噬當日或前一日出現大量或窒息量，反轉訊號越強，轉折向上機率越高。要分辨走勢是多頭的回檔再上漲，還是空頭跌深的反彈。

3. 一根紅K線，一次吞噬就突破前面下跌的2~3根黑K線的最高點，反轉越強（也稱為3線反紅）。

4. 長期下跌的低檔或急跌的下方出現爆量，長紅吞噬K線，一日反轉機率很高，持有空單應立刻回補。

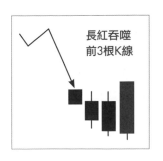

長紅吞噬
前3根K線

5. 低檔出現爆量長紅吞噬K線後上漲
   反彈一段,要特別注意,日後再
   下跌,長紅吞噬的K線會形成重大
   的支撐。換句話說,再下跌是空
   單的逃命波,不可追空,這時容
   易形成「底底高」的底部型態。

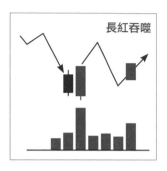

長紅吞噬

資料來源:富邦e01電子交易系統

❶ 空頭下跌出現放量長紅K線吞噬,為止跌向上反彈的K線訊號。

❷ 出現放量長紅K線吞噬反彈後,容易做底底高的多頭底部。

❸ 要掌握多頭確認的向上攻擊紅K做多買進。

資料來源：富邦e01電子交易系統

❶ 空頭下跌出現放量長紅K線吞噬，一根長紅K線吞噬10根下跌K線，是強力止跌向上反彈的訊號。

❷ 再次出現放量長紅K線的多頭確認向上攻擊紅K，做多買進。

資料來源：富邦e01電子交易系統

❶ 下跌到低檔，出現長紅吞噬，沒有攻擊量，為弱勢反彈訊號。

❷ 再次出現長紅吞噬，量未放大，仍為弱勢反彈訊號。

❸ 開盤向上突破吞噬長紅K線最高點，同時出現明顯攻擊大量，反轉確認。

一路向上：低檔「長紅貫穿」雙K線

定義

下跌走勢到低檔,出現長紅K線,開盤即上漲,收盤突破前一日中長黑K的實體高點。

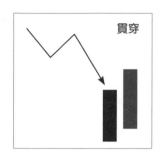

解說

下跌走勢到明顯低檔,出現轉折向上的貫穿紅K線,表示當日開高走高,收盤突破前一日黑K最高點,多方當天向上貫穿,多空主控權產生易位,如果配合大量,容易一日反轉。

精通

1. 貫穿的紅K線越長,轉折的力道越強。

2. 貫穿當日或前一日出現大量,反轉訊號越強,轉折向上機率越高。

3. 短線連續下跌或急跌,幅度達15%以上,出現長紅貫穿的K線,一日反轉的機率很高,持有空單應該立刻回補。

4. 一根紅K線,一次貫穿就突破前面2~3根K線的最高點(也稱為3線反紅),反轉越強。

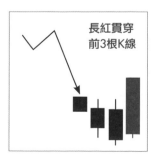

5. 低檔出現爆量長紅貫穿K線後反
   彈，要特別注意，日後再下跌到
   長紅貫穿的K線，會形成重大的支
   撐。換句話說，再下跌是空單逃命
   波，不可追空，這時容易形成「底
   底高」的底部型態。

資料來源：富邦e01電子交易系統

❶ 下跌到低檔，出現長紅貫穿，同時出現攻擊量，為反彈訊號。

❷ 再次出現大量長紅上攻，反轉確認。

資料來源：富邦e01電子交易系統

❶ 下跌到低檔，出現長紅貫穿，爆大量，收盤突破前3根黑K線最高點，形成3線反紅的強力反彈訊號。

❷ 反彈再下跌是空頭逃命波，出現大量長紅的底底高，容易盤整打底。

3 根 K 線 看 轉 折

連續3根K線，在上漲高檔出現轉下跌，或在下跌低檔出現轉上漲的組合，是改變方向的明顯訊號。

3根K線是確認轉折所需的最少K線根數，有時會超過3根以上的K線才完成轉折。越多K線才確認的轉折組合，轉折力道就會越強。

第1章 高檔3根K線轉折向下的基本型態

定義

　左邊1根上漲的中長紅K線，中間1根變盤線，右邊1根下跌的中長黑K線，由3根K線構成上漲到高點的反轉向下基本型態。通常中間的變盤線稱為「星」，轉折向下的組合型態稱為「夜星」。

基本型態

解說

　走勢上漲到高檔的長紅K線，次日收盤出現多空對決的變盤線，再出現一根下跌的長黑K線，很明顯的，昨天對決之後，空方戰勝，原來向上的多方主控，現在轉為向下的空方主控。夜星轉折是股價上漲轉折向下的K線基本型態。

精通

1. 多頭上漲在高檔，是轉折向下的訊號，股價要回檔。
2. 空頭反彈出現「夜星」，反彈結束，股價繼續下跌。

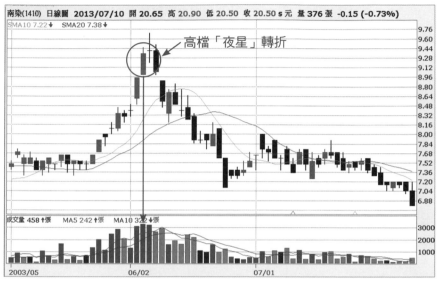

資料來源：富邦e01電子交易系統

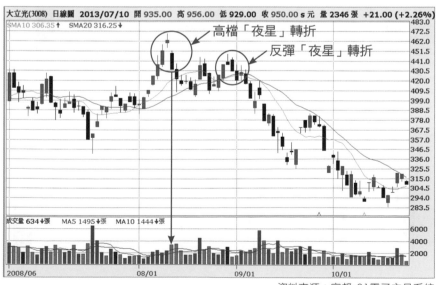

資料來源：富邦e01電子交易系統

第2章

高檔3根K線轉折向下的變化組合

　　高檔左邊1根中長紅K線，中間夾著1到數根的變盤線，右邊出現大約對稱的1根中長黑K線，都是高檔「夜星」轉折向下的變化組合。

基本型態

孤島夜星

母子變盤

雙星變盤

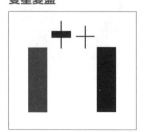

雙鴉變盤

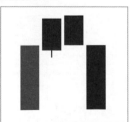

群星變盤

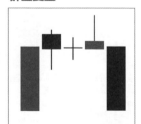

組合1：孤島夜星

1. 上漲高檔或空頭反彈出現中長紅K線，次日出現向上跳空的變盤線，如果第3天出現往下跳空下跌的中長黑K線，稱為「孤島夜星」組合。

2. 出現「孤島夜星」組合，是強烈向下反轉的訊號，如果同時出現大量或爆大量，反轉更確認。

3. 變盤線越多，反轉下跌後的力道越強。

4. 出現「孤島夜星」組合，在多頭上漲趨勢中表示將強力回檔，多單要出場。在空頭反彈時，將繼續下跌，要把握做空。

資料來源：富邦e01電子交易系統

❶ 上漲到高檔，出現帶大量的長紅K線。之後出現跳空向上的3根變盤線，
接著出現向下跳空跌停板，這是「孤島夜星」的訊號（跌停為長黑）。

組合2：母子變盤

1. 上漲高檔或空頭反彈出現中長紅K線，次日出現懷抱變盤
   線，第3天出現往下中長黑K線下
   跌，稱為「母子變盤」組合。

2. 出現「母子變盤」組合，中長紅K線
   的最低點被跌破，向下反轉更加確
   認，如果同時出現大量或爆大量，
   反轉更明顯。

3. 出現「母子變盤」組合，在多頭上漲趨勢中即將強力回檔，
   多單要出場。在空頭反彈時，將繼續下跌，要把握做空。

❶ 上漲到高檔，出現帶大量長紅K線。次日出現母子懷抱十字線，然後長
　黑下跌，這是「母子變盤」的訊號。

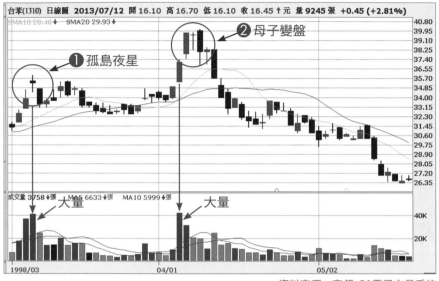

台苯(1310)　日線圖　2013/07/12　開 16.10　高 16.70　低 16.10　收 16.45 ↑元　量 9245 張　+0.45 (+2.81%)

❷ 母子變盤

❶ 孤島夜星

大量　　大量

資料來源：富邦e01電子交易系統

❶ 上漲到高檔，出現帶大量的十字變盤線。次日出現跳空長黑下跌，這是「孤島夜星」的訊號。

❷ 上漲到高檔，出現帶大量長紅K線。次日出現母子懷抱十字線，然後長黑下跌，這是「母子變盤」的訊號。

組合3：雙星變盤

1. 上漲高檔或空頭反彈出現中長紅K線，之後連續在高檔出現2根變盤線，第4天出現往下的中長黑K線，稱為「雙星變盤」。

2. 出現「雙星變盤」組合，雙星呈現「孤島轉折」，向下反轉訊號更

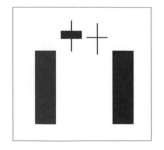

強，如果高檔同時出現大量或爆大量，反轉更明顯，多單要出場。在空頭反彈時出現「雙星變盤」組合，將繼續下跌，要把握做空。

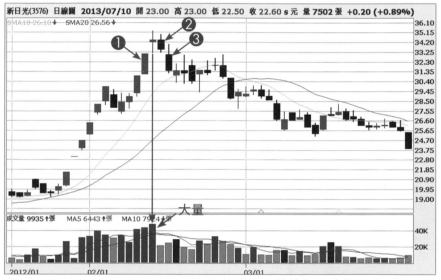

資料來源：富邦e01電子交易系統

❶ 上漲到高檔，出現帶大量的長紅K線。

❷ 出現連續2天變盤線。

❸ 右邊出現對稱下跌的中黑K線，高檔出現雙星變盤組合，股價反轉。

組合4：雙鴉變盤

1. 上漲高檔或空頭反彈出現長紅K線，之後連續在高檔出現2根中長黑K線，第4天出現往下長黑K線下跌，稱為「雙鴉變盤」。

2. 出現「雙鴉變盤」組合，向下反轉訊號強烈，如果高檔同時出現大量或爆大量，反轉更明顯，多單要出場。在空頭反彈時出現「雙鴉變盤」組合，將繼續下跌，要把握做空。

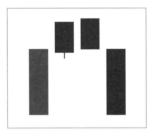

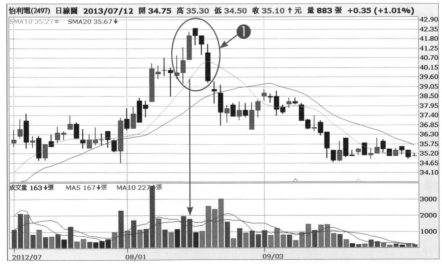

❶ 上漲到高檔，出現帶大量長紅K線，之後出現2根中黑K線，接著長黑下跌，跌破帶大量長紅K線的最低點，形成「雙鴉變盤」訊號，多頭反轉。

組合5：群星變盤

1. 上漲高檔出現中長紅K線，之後在高檔連續出現2根以上的變盤線，再出現往下中長黑K線下跌，稱為「群星變盤」。

2. 出現「群星變盤」組合，群星數量越多，向下反轉訊號更明確，同時下跌的時間越長，短期不容易上漲，多單要出場，也可以做空。

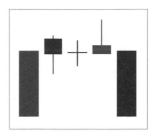

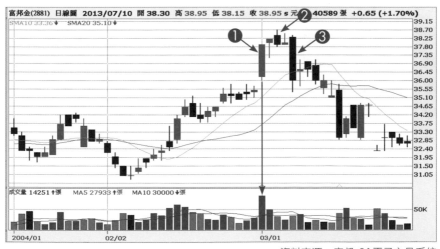

資料來源：富邦e01電子交易系統

❶ 上漲到高檔，出現爆大量的長紅K線。

❷ 連續3天變盤線。

❸ 右邊出現對稱下跌的長黑K線，高檔出現3星變盤的組合，股價反轉。3星變盤，最少3天是空方主控。

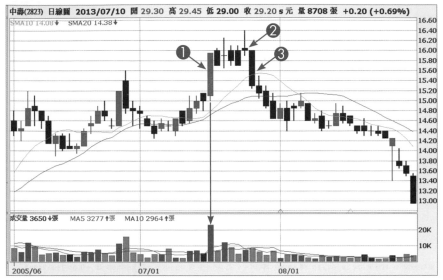

資料來源：富邦e01電子交易系統

❶ 上漲到高檔，出現爆大量的長紅K線。

❷ 連續5天變盤線。

❸ 右邊出現對稱下跌的長黑K線，高檔出現5星變盤的組合，股價反轉。5星變盤，最少5天是空方主控。變盤線越多，下跌力道越強。

資料來源：富邦e01電子交易系統

❶ 上漲到高檔，出現連2日帶大量的長紅K線。

❷ 連續5天變盤線。

❸ 右邊出現對稱下跌的長黑K線，高檔出現5星變盤的組合，股價反轉。5星變盤，最少5天是空方主控，變盤線越多，下跌力道越強。

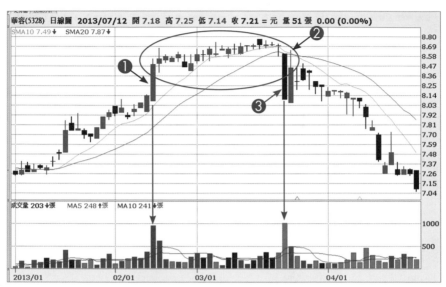

資料來源：富邦e01電子交易系統

❶ 上漲到高檔，出現爆大量的長紅K線。

❷ 連續20天變盤線的橫向盤整。

❸ 右邊出現對稱下跌爆大量的長黑K線，高檔出現20星變盤的組合，股價
反轉。20星變盤，最少20天是空方主控。變盤線越多，下跌力道越強。

「夜星」變盤重點整理

1. 上漲高檔出現的「夜星」組合，中間夾著「1顆星」（1根變盤線），轉折的力道比較弱。

2. 上漲高檔出現的「夜星」組合，同時爆大量，轉折向下的機率大大提高，而且下跌的力道也比較強。

3. 上漲高檔出現的「夜星」組合，中間夾著的變盤線越多，對稱中長黑K線下跌時，空方控盤的時間也越長。例如上漲高檔出現中長紅K線，之後出現5根橫盤的變盤線，然後再出現1根中長黑K線下跌，完成「群星變盤」組合，空方有約5天時間主控，至少5天時間在中長黑K線的高點之下。

4. 上漲高檔出現中長紅K線，之後如隨即出現變盤線，就要觀察位置和成交量，評估出現「夜星」轉折的可能性，運用「費波南係數」，注意變盤線第1、3、5、8、13、21日的K線轉折走勢。

5. 「夜星」轉折的組合，如下跌中長黑K線的最高點，被上漲的紅K線突破，那麼轉折向下的結構就會被破壞，向下空方的力道轉為由向上多方主控。

資料來源：富邦e01電子交易系統

❶ 上漲出現爆大量的跳空長紅K線。

❷ 連續5天變盤線的橫向盤整。

❸ 右邊出現對稱下跌的長黑K線，空方主控，應會繼續下跌。

❹ 長黑K線次日出現帶大量長紅K線，收盤突破長黑K線的最高點，「群星變盤」組合架構被破壞，轉為多方主控，再1根帶大量長紅K線往上，行情反轉成多頭。

第3章 低檔3根K線轉折向上的基本型態

定義

左邊1根下跌的中長黑K線，中間1根變盤線，右邊1根上漲
的中長紅K線。由3根K線構成下跌到低點的反轉向上的基本型
態，通常中間的變盤線稱為「星」，轉折向上的組合型態稱為
「晨星」。

解說

走勢下跌到低檔的長黑K線，次日收盤出現多空對決的變盤
線，再出現一根上漲的長紅K線，很明顯的，昨天對決之後，
多方戰勝，原來向下空方的主控，現在轉為向上多方的主控。
晨星轉折是股價下跌轉折向上的一組K線基本型態。

精通

1. 空頭下跌在低檔，是一組轉折向上
的訊號，股價要反彈。

2. 多頭回檔出現「晨星」，回檔結
束，股價繼續上漲。

基本型態

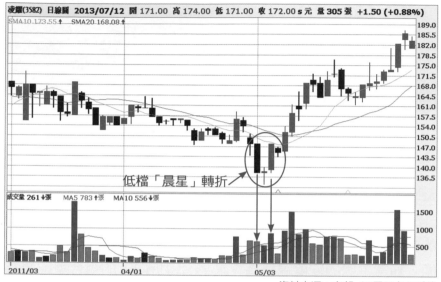

凌耀(3582) 日線圖 2013/07/12 開 171.00 高 174.00 低 171.00 收 172.00 s 元 量 305 張 +1.50 (+0.88%)
SMA10 173.55↑ SMA20 168.08↑

低檔「晨星」轉折

成交量 261↓張 MA5 783↑張 MA10 556↓張

2011/03　　　　04/01　　　　05/03

資料來源：富邦e01電子交易系統

禾瑞亞(3556) 日線圖 2013/07/12 開 116.00 高 116.50 低 112.50 收 113.50 s 元 量 1043 張 -1.50 (-1.30%)
SMA10 59.63↑ SMA20 55.71↑

低檔「晨星」轉折

成交量 1974↓張 MA5 2392↓張 MA10 2006↑張

2012/06　　　　07/02　　　　08/01　　　　09/03

資料來源：富邦e01電子交易系統

第4章

低檔3根K線轉折向上的變化組合

　　低檔左邊1根中長黑K線，中間夾著1到數根的變盤線，右邊出現大約對稱的1根中長紅K線，這些都是低檔「晨星」轉折向上的變化組合。

基本型態

孤島晨星

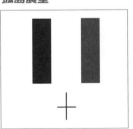

母子變盤

雙星變盤

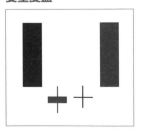

雙肩變盤

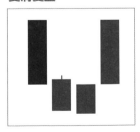

群星變盤

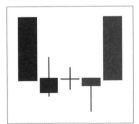

組合1：孤島晨星

1. 下跌低檔或多頭回檔出現中長黑K線，次日出現向下跳空的變盤線，如果第3天出現往上跳空上漲的中長紅K線，稱為「孤島晨星」組合。

2. 「孤島晨星」組合是強烈向上反轉的訊號，如果同時出現大量或爆大量，反轉更確認。

3. 變盤線越多，反轉上漲後的力道越強。

4. 出現「孤島晨星」組合，在空頭下跌趨勢中，表示即將強力反彈，空單要回補。在多頭回檔時，將會繼續上漲，要把握做多。

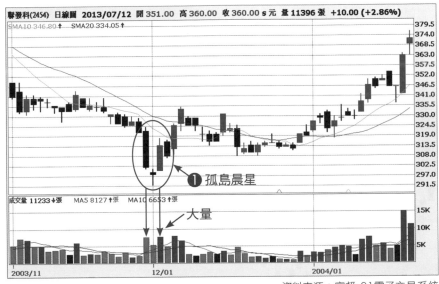

資料來源：富邦e01電子交易系統

❶ 下跌到低檔，出現帶大量長黑K線。次日跳空向下的1根變盤線，再向上
跳空長紅K線，出現「孤島晨星」的訊號，空頭反彈。

組合2：母子變盤

1. 下跌低檔或多頭回檔出現中長黑K
   線，次日出現懷抱變盤線，如果第
   3天出現往上中長紅K線上漲，稱為
   「母子變盤」組合。
2. 出現「母子變盤」組合，中長黑K線
   的最高點被突破，向上反轉更加確

認，如果同時出現大量或爆大量，反轉更明顯。

3. 出現「母子變盤」組合，在空頭下跌趨勢中即將強力反彈，
   空單要回補。在多頭回檔時，將繼續上漲，要把握做多。

資料來源：富邦e01電子交易系統

❶ 下跌到低檔，出現放量長黑K線。次日母子懷抱十字線，再長紅上漲，
   突破長黑最高點，「母子變盤」強力反彈。

218

資料來源：富邦e01電子交易系統

❶ 下跌出現「母子變盤」組合，空頭反彈。

❷ 下跌出現「雙肩變盤」組合，空頭反彈成底底高，空頭趨勢改變。

❸ 多頭回檔，出現「母子變盤」組合，多頭繼續上漲。

組合3：雙星變盤

1. 下跌低檔或多頭回檔出現中長黑K線，之後連續在低檔出現2根變盤線，第4天出現往上中長紅K線上漲，稱為「雙星變盤」。

2. 出現「雙星變盤」組合，雙星呈現「孤島轉折」，向上反轉訊號更

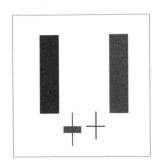

強，如果低檔同時出現大量或爆大量，反轉更明顯，空單要回補。在多頭回檔時出現「雙星變盤」組合，將繼續上漲，要把握做多。

資料來源：富邦e01電子交易系統

❶ 下跌到低檔，出現長黑K線。

❷ 連續2天變盤線。

❸ 右邊出現對稱帶大量上漲的紅K線，低檔出現「雙星變盤」的組合，股價將會反轉。

組合4：雙肩變盤

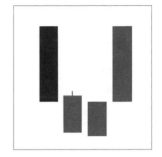

1. 下跌低檔或多頭回檔出現長黑K線，
之後連續在低檔出現2根中長紅K
線，第4天出現往上長紅K線上漲，
稱為「雙肩變盤」。

2. 出現「雙肩變盤」組合，向上反轉
訊號強烈，如果低檔同時出現大量
或爆大量，反轉更明顯，空單要回補。在多頭回檔時出現
「雙肩變盤」組合，將繼續上漲，要把握做多。

資料來源：富邦e01電子交易系統

❶ 跌到低檔出現長黑K線，之後出現2根懷抱變盤線，然後再出現2根中紅K
線，接著出現向上的長紅K線，突破長黑K線最高點，形成「雙肩變盤」
的訊號，空頭反轉。

組合5：群星變盤

1. 下跌到低檔出現中長黑K線，之後在低檔連續出現2根以上的
   變盤線，再出現往上中長紅K線上漲，這種組合稱為「群星
   變盤」。

2. 「群星變盤」組合的群星數量越多，
   向上反轉訊號越明確，同時上漲的時
   間也會越長，短期不容易下跌，空單
   要回補，也可以做多。

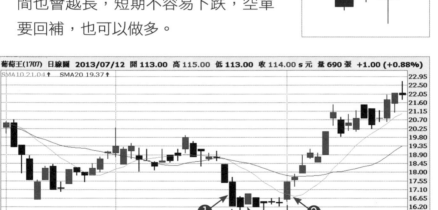

資料來源：富邦e01電子交易系統

❶ 下跌到低檔，出現長黑K線。

❷ 連續6天變盤線的橫盤。

❸ 右邊出現對稱上漲的帶大量長紅K線，低檔出現6星變盤的組合，股價反
   轉。6星變盤，最少6天是多方主控上漲。

資料來源：富邦e01電子交易系統

❶ 下跌到低檔，出現帶大量的長黑K線。

❷ 連續5天變盤線的橫盤盤整。

❸ 右邊出現對稱的帶大量長紅K線，低檔出現5星變盤的組合，股價反轉。
5星變盤，最少有5天多方主控上漲。

223

資料來源：富邦e01電子交易系統

❶ 下跌到低檔，出現帶大量的長黑K線。

❷ 連續19天變盤線的橫向盤整。

❸ 右邊出現對稱上漲帶大量的長紅K線，低檔出現19星變盤的組合，股價
反轉。19星變盤，最少有19天是多方主控上漲。變盤線越多，上漲的力
道就越強。

「晨星」變盤重點整理

1. 下跌低檔出現的「晨星」組合，中間夾著「1顆星」（1根變盤線），轉折的力道比較弱。

2. 下跌低檔出現的「晨星」組合，同時爆大量，轉折的向上的機率大大提高，而且上漲的力道強。

3. 下跌低檔出現的「晨星」組合，中間夾著的變盤線越多，對稱中長紅K線上漲時，多方控盤的時間也越長。例如下跌低檔出現中長黑K線，之後出現5根橫盤的變盤線，然後再出現1根對稱的中長紅K線上漲，完成「群星變盤」。多方有約5天時間主控，有至少5天時間在中長紅K線的低點之上。

4. 下跌低檔出現中長黑K線，之後如隨即出現變盤線，就要觀察位置和成交量，評估出現「晨星」轉折的可能性，運用「費波南係數」，注意變盤線第1、3、5、8、13、21日的K線轉折走勢。

5. 「晨星」轉折的組合，如果上漲中長紅K線的最低點，被下跌的黑K線跌破，轉折向上的結構就會被破壞，向上多方的力道轉為向下由空方主控。

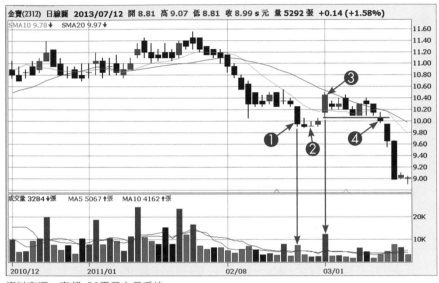

資料來源：富邦e01電子交易系統

❶ 下跌出現帶大量的長黑K線。

❷ 連續3天變盤線的橫向盤整。

❸ 右邊出現對稱帶大量上漲的長紅K線，晨星變盤，多方主控，應該會反轉上漲。

❹ 長紅K線後股價該反彈而沒有反彈，第8天收盤跌破長紅K線的低點，「群星變盤」組合架構被破壞，轉為空方主控，行情反轉繼續空頭。

投資筆記

5

行進中的K線組合

行情在上漲或下跌行進時，單一K線可反應當天交易人的看法，但是容易受到突發消息的影響，經過連續2～3天以上的行情走勢，可以窺知交易人對未來短期的期望。

透過連續K線的表現或組合，能夠研判行情的短期走勢變化，不會因為一天K線的變化，干擾到方向的判斷。

第1章

上漲中的K線組合

上漲中的K線有8種組合，詳細研讀，就可以正確判斷行情的變化。

組合1：一星二陽

定義

1根上漲的中長紅K線，次日1根十字或紡錘變盤線，第3日1根高於第1日中長紅K線最高點的中長紅K線，這3根K線上漲構成的組合，稱為「一星二陽」。通常中間的「星」可以是紅K或黑K，也能是實體，但實體要很小。

解說

1. 在走勢上漲中經常可以看到「一星二陽」的組合，這是上漲中繼的訊號，表示往上趨勢沒有改變，通常還會有更高價，仍為多方主控向上的格局。

2. 夾在中間的「星」可以有2根以上，重點是，「星」的K線收盤不能跌破前一天K線的最低點，其後要有1根向上的中長紅K線，幅度與之前的中長紅K線略同或更大。

精通

1. 多頭上漲1根中長紅K線，當天漲幅太大，次日很容易出現賣壓而呈休息狀態，然後再上攻，所以上漲時容易出現「一星二陽」的組合。

2. 「一星二陽」的組合後續還有高點，當多頭起漲第1根中長紅K線，次日出現休息的變盤線，可以大膽推測，後面容易再出現上漲1根中長紅K線，形成「一星二陽」的組合而買進。要特別強調的是，這是指多頭起攻的位置，如果上漲到高檔，就不能這樣推測，因為高檔長紅再出現變盤十字線，容易出現「夜星」向下轉折。

3. 多頭上漲1根中長紅K線之後，連續出現1根以上的小紅、小黑或變盤線，如果都橫盤維持在中長紅K線收盤之上，是強勢整理的型態，隨時都可能發動上漲，把之前位於下面的中長紅K線搬到上面，面臨這樣的

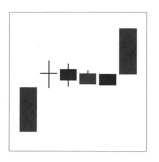

強勢整理型態，要把握上攻的機會進場。

4. 多頭上漲1根中長紅K線之後，連續出現1根以上的小紅、小黑或變盤線，如果維持小幅上漲，是碎步上漲型態，隨時都可能發動大漲，出現中長紅K線的走勢。

5. 出現「一星二陽」的組合後，其後的中長紅K線最的低點不能被跌破，否則會破壞「一星二陽」的架構。

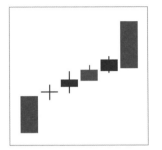

資料來源：富邦e01電子交易系統

❶ 下跌到低檔出現「一星二陽」，後面還有高點，容易繼續反彈。

❷ 下跌到低檔再次出現「一星二陽」，同時沒有跌破前面低點，容易打底反轉。

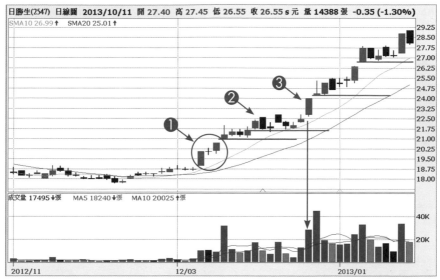

資料來源：富邦e01電子交易系統

❶ 底部盤整突破，起攻位置出現「一星二陽」組合，後面還有高點，容易繼續上漲，要鎖股繼續做多操作。

❷ 休息橫盤維持在高檔，呈現碎步上漲。

❸ 碎步上漲11天，第12天出現大漲。

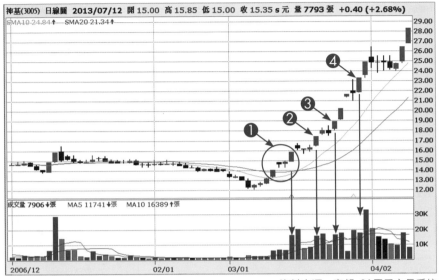

資料來源：富邦e01電子交易系統

❶ 底部盤整跌破後反彈，出現爆大量長紅K線的「一星二陽」組合，後面還有高點，波浪型態為「假跌破真上漲」型態。

❷ 上漲行進再出現「一星二陽」組合，後面還有高點。

❸ 上漲行進再出現「一星二陽」組合，後面還有高點。

❹ 上漲行進再出現「一星二陽」組合，後面還有高點。連續出現「一星二陽」組合，走勢呈現強勢上漲。

 **組合2：上升三法**

定義

　1根上漲的中長紅K線，次日出現回跌1到數日的小紅、小黑
或變盤線，但收盤價始終沒有跌破中長紅K線最低點，再出現
往上的中長紅K線，吞噬回跌的小紅、小黑或變盤線。「上升
三法」在上漲趨勢中時常見到，表示後續還有高點，為上漲的
中繼組合。

解說

　在走勢上漲出現中長紅K線，次日回跌，大多是主力洗盤清
籌碼，下跌的力道都不強，而且沒跌破中長紅K線最低點，再
1根中長紅K線上漲，回跌的壓力全部化解，次日只要開高往
上，將繼續多頭。

精通

1. 空頭下跌到低點，出現「上升三法」的組合，之後不再跌破
　第二根中長紅K線最低點，可視為止跌回升的訊號。

2. 多頭上漲1根中長紅K線之後,回跌的小紅、小黑或變盤線,如果都維持在中長紅K線的½之上,是強勢整理的型態,在多頭走勢中隨時都可能發動上漲,要把握上攻的機會進場。

3. 出現「上升三法」的組合後,其後的中長紅K線的最低點不能被跌破,否則會破壞「上升三法」的架構。

資料來源:富邦e01電子交易系統

❶ 空頭到低檔出現「晨星」轉折後反彈。

❷ 反彈回跌後再長紅上漲,出現「上升三法」組合,後面還有高點。

❸ 上漲行進出現「一星二陽」組合,後面還有高點。

❹ 上漲行進再出現「上升三法」組合,後面還有高點,呈現強勢上漲。

資料來源：富邦e01電子交易系統

❶ 空頭到低檔出現長紅吞噬後反彈。

❷ 多頭確認後再上漲出現「上升三法」組合，後面還有高點。

❸ 上漲行進出現「一星二陽」組合，後面還有高點。

❹ 上漲行進再出現「上升三法」組合，後面還有高點，呈現強勢上漲。

組合3：三線反紅

定義

　　上漲行進中連續三根小紅黑K線下跌回檔或橫盤，然後出現一根長紅K線，把前面三根小紅黑K線均包含在長紅K線之內，這根長紅K線呈現吞噬的組合，稱為「三線反紅」，為回檔後的續攻訊號。在下跌行進中出現「三線反紅」的組合，為跌多的空單回補或多方反攻的訊號。

解說

　　在下跌或橫盤連續出現小紅K線或小黑K線，表示空方下跌力道弱，多方1根上漲攻擊長紅K線就吞噬全部下跌或橫盤的小紅K線或小黑K線，為多方強力上漲或反彈的訊號。

精通

1. 「三線反紅」組合必須符合2個條件才成立：(1) 長紅K線收盤突破前面3根小紅K線或小黑K線的最高點；(2) 上漲長紅K線的成交量大於前面3根小紅K線或小黑K線的最高量。

2.「三線反紅」組合是多方強力表態,在多頭趨勢,短線拉回
沒有跌破長紅K線的最低點,要找買點進場。在空頭走勢,可以
搶短線反彈。

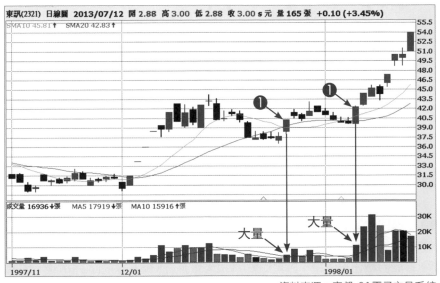

資料來源:富邦e01電子交易系統

❶ 多頭回檔出現4根小跌或橫盤小紅、小黑K線,1長紅K線吞噬前面4根K
  線,同時成交量也大於前面4根K線的最大成交量,「三線反紅」組合確
  認,後續多頭繼續上漲。

資料來源:富邦e01電子交易系統

❶ 空頭下跌到低檔,出現1根長紅K線吞噬前面3根黑K線,同時成交量也大於前面3根K線的最大成交量,「三線反紅」組合確認,後續強力反彈。

❷ 多頭回檔3天,沒有跌破上漲紅K線的最低點,再1根放量長紅K線突破高點,呈現「上升三法」的組合,後續還有高點。

❸ 多頭回檔出現連續小跌黑K線,1根大量長紅K線吞噬前面3根K線,同時成交量也大於前面3根K線的成交量,「三線反紅」組合確認,後續多頭繼續上漲。

組合4：內困三紅

定義

在下跌或回檔行進中，長黑K線之後出現「母子懷抱」紅K線，再出現突破前面長黑K線最高點的長紅K線，稱為「內困三紅」組合。「母子懷抱」是變盤訊號，「內困三紅」則是變盤反轉確認的訊號，多頭進場做多，空頭可搶短線反彈。

解說

在下跌低檔出現長黑K線，次日出現1根紅K線，被長黑K線包起成「母子懷抱」表示空方下跌力道被多方開高走高紅K線奪回，當多方再1根上漲長紅K線突破長黑K線的最高點，就完成「內困三紅」組合，為多方強力上漲或反彈的訊號。

精通

1. 下跌低檔長黑K線如果出現大量或爆量，次日形成「母子懷抱」，後續形成「內困三紅」組合的機率很高。

2. 「內困三紅」的長紅K線突破長黑K線的最高點，同時放大量，後續容易急漲或急彈，要把握機會立刻進場做多。

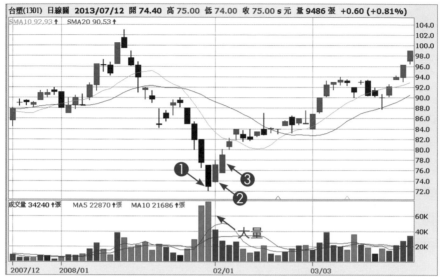

資料來源：富邦e01電子交易系統

❶ 空頭下跌到低檔，出現1根長黑K，同時爆大量。

❷ 次日1根長紅K線開高走高，形成「母子懷抱」的轉折向上組合訊號。

❸ 再出現1根長紅K線突破長黑K線的最高點，「內困三紅」組合確認，後續強力反彈成多頭。

資料來源：富邦e01電子交易系統

❶ 空頭下跌到低檔盤整打底，出現大量1根長黑K線。

❷ 次日1根紅K線開高走高，形成「母子懷抱」的轉折向上組合訊號。

❸ 再出現1根跳空大量長紅K線突破長黑K線的最高點，「內困三紅」組合
確認，後續強力反彈。

組合5：上漲紅黑紅

定義

上漲行進中出現紅K線、黑K線、紅
K線，連續呈階梯式的上漲，稱為「上
漲紅黑紅」組合，是繼續上漲的中繼
走勢，為多方強勢的訊號，宜找買點
進場。

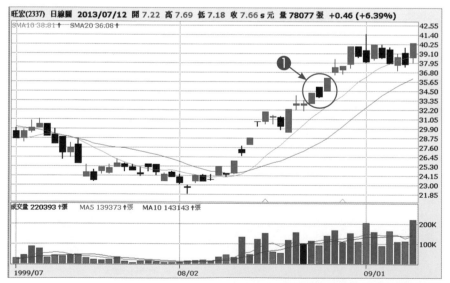

資料來源：富邦e01電子交易系統

❶ 多頭上漲行進中，出現「上漲紅黑紅」組合，多頭繼續上漲。

精通

上漲行進出現紅K線、黑K線、紅K線，這3根K線呈現頭頭高、底底高的上漲階梯走勢，多頭仍在繼續掌控上漲中，不要因為中間的1根黑K線而被誤導，認為行情不好。

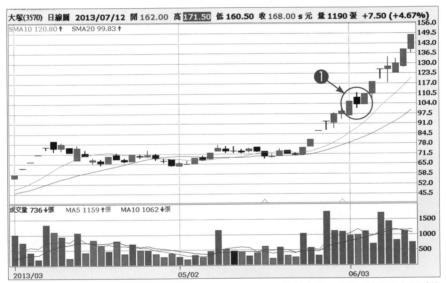

資料來源：富邦e01電子交易系統

❶ 多頭上漲行進中，出現「上漲紅黑紅」組合，多頭繼續上漲。

245

組合6：連三紅

定義

3根連續底底高、頭頭高的向上紅K線，沒有上影線，即使有也很短。

解說

3根連續向上的紅K線，代表多方向上的企圖強，是多方力量的聚集，同時在短時間內改變空方的掌控，多空易位明顯。

精通

1. 連續紅K線數量越多，代表力量越大，影響時間越長。
2. 連續紅K線呈現跳空上漲，威力更大。
3. 連續紅K線如果出現在低檔的反彈，再下跌，打底的可能性很高。
4. 空頭下跌到低檔，反彈出現「連三紅」組合，是具有上漲潛力的黑馬股，要鎖股。
5. 底部打底的第二支腳出現「連三紅」組合，為強勢多頭的起動訊號。
6. 「連三紅」組合出現在多頭行進間，代表多方氣勢強，後續看漲，還有高點可期。
7. 多頭行進到高點，出現「連三紅」組合，要注意：(1) 連續紅K都出現長的上影線，為大敵當前，高點不多，要留意變盤

線的訊號。(2) 高檔連三紅，出現爆量或價量背離，要留意股價不漲或下跌的反轉變盤訊號。

8. 空頭行進出現連三紅，視為強勢反彈，容易反彈到前面的壓力位置。

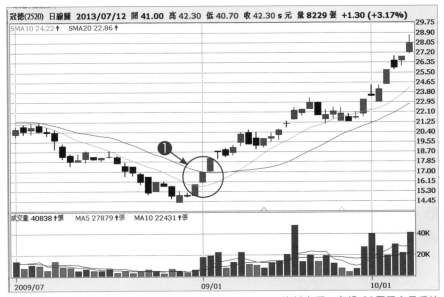

資料來源：富邦e01電子交易系統

❶ 空頭下跌到低檔，出現「上漲連三紅」組合，強勢反彈。

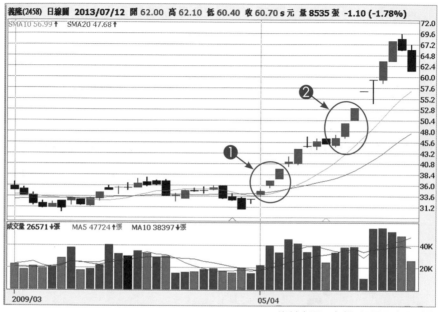

資料來源：富邦e01電子交易系統

❶ 空頭下跌到低檔，打底上漲出現「連三紅」組合，強勢完成多頭架構。

❷ 多頭行進中再出現「連三紅」組合，繼續強勢多頭格局。

248

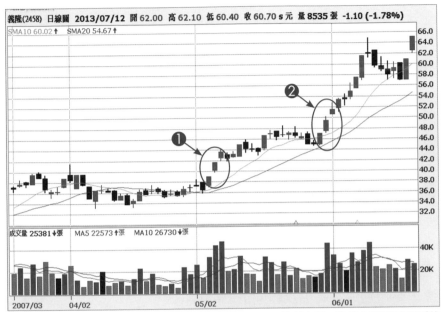

資料來源：富邦e01電子交易系統

❶ 打底上漲出現「連三紅」組合，強勢完成多頭架構。

❷ 多頭行進中再出現「連三紅」組合，繼續強勢多頭格局。

🗣 組合7：大敵當前

定義

上漲到高檔，連續數日紅K線上漲，但都出現明顯的上影線，這樣的組合稱為「大敵當前」。

解說

連續上漲紅K線，看起來好像是「連三紅」的組合，可是紅K線都出現長上影線，雖然上漲，一直遇壓拉回，顯示有人一邊拉高、一邊出貨，其中若再出現爆量或價量背離，是變盤訊號，要特別注意高檔反轉向下的K線訊號。

精通

1. 「大敵當前」組合出現在波段高檔，通常在末升段，連續紅K線的上影線越長，拉高出貨越明顯，要特別注意後續股價不漲或回跌的K線變盤訊號。

2. 末升段的急漲，出現爆大量或價量背離，出現「大敵當前」組合，高點不多，千萬不要追高。

3. 高檔出現「大敵當前」組合之後，走勢再出現「頭頭低」的波浪型態，趨勢轉成空頭的機率很高。

4. 在底部起漲位置出現的「連三紅帶上影線」的組合，是主力向上探頭測壓力的表現，不要誤認是出貨。

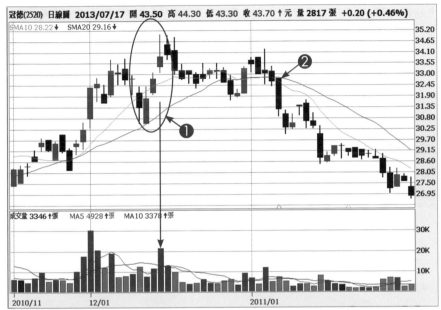

資料來源：富邦e01電子交易系統

❶ 上漲高檔出現「大敵當前」組合，且出大量，主力一邊拉高、一邊出貨。

❷ 「大敵當前」組合之後，股價沒有再過前波高點，出現「頭頭低」，形成空頭。

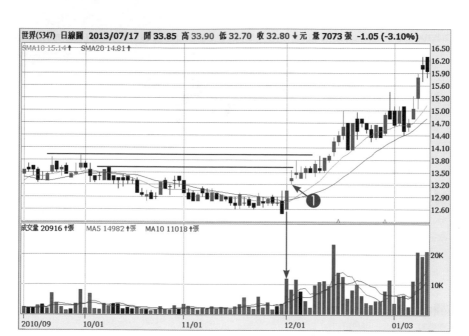

資料來源：富邦e01電子交易系統

❶ 低檔底部出現「連三紅帶上影線」的組合，是主力測試前面高點的壓力，不是出貨，不要誤認是「大敵當前」組合。

組合8：上缺回補

定義

　　出現向上跳空缺口，次日再出現不過紅K線的向下黑K線回補缺口。

解說

　　上漲高檔或空頭的反彈走勢中，長紅K線後出現向上跳空缺口，但第3天開低向下黑K線回補缺口，轉折向下訊號強烈，再出現黑K線跌破第1根長紅K線最低點，多空易位，容易反轉直下。

精通

1. 多頭趨勢高檔，向上跳空缺口附近出現爆大量，出現「上缺回補」組合，該缺口成為「竭盡缺口」，趨勢反轉可能性越大。

2. 多頭趨勢高檔，盤整結束，出現爆大量向上跳空缺口，突破盤整，接著出現「上缺回補」組合，視為假突破、真拉回，反轉可能性大。

3. 空頭反彈出現「上缺回補」組合，反彈結束，繼續下跌。

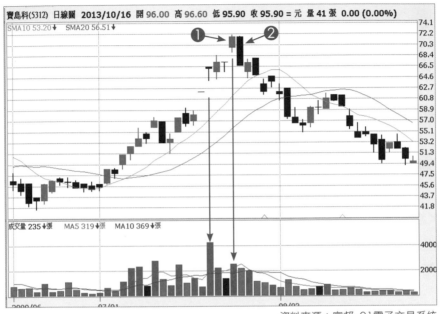

資料來源：富邦e01電子交易系統

❶ 多頭高檔出現帶大量跳空向上。

❷ 次日長黑K線回補缺口，出現「上缺回補」，行情反轉。

資料來源：富邦e01電子交易系統

❶ 盤整的突破位置，出現帶大量跳空向上紅K線。

❷ 次2日長黑K線回補缺口，出現「上缺回補」，是假突破。

❸ 長黑K線跌破盤整，是真跌破，行情反轉成空頭。

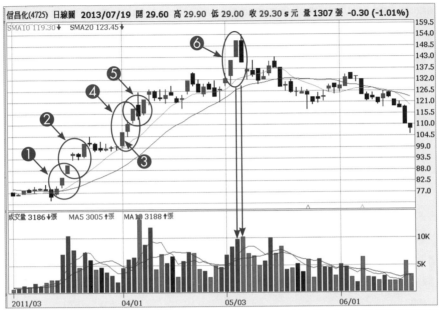

資料來源：富邦e01電子交易系統

❶ 低檔「連三紅」起漲，同時連續出現帶大量向上跳空的紅K線，強勢多
頭型態。

❷ 上漲「一星二陽」中繼上漲，後續還有高點。

❸ 「三線反紅」起漲開始。

❹ 上漲行進「連三紅」，後續還有高點。

❺ 上漲紅黑紅，中繼上漲，後續還有高點。

❻ 高檔連續大量，出現「上缺回補」，行情反轉。

下跌中的K線有7種組合，詳細研讀，就可以正確判斷行情的變化。

組合1：一星二陰

定義

1根下跌的中長黑K線，次日1根十字或紡錘變盤線，第3日1根低於第1日中長黑K線最低點的中長黑K線，這樣的3根K線下跌構成的組合，稱為「一星二陰」。通常中間的「星」，可以是紅K或黑K，可以有實體，但實體要很小。

解說

1. 在走勢下跌中經常可以看到「一星二陰」的組合，是下跌中繼的訊號，表示往下趨勢沒有改變，通常還會有更低價，仍為空方主控向下的格局。

2. 夾在中間的「星」，可以2根以上，重點是「星」的K線收盤，不能突破前一天K線的最高點。後面要有1根向下的中長黑K線，幅度與前面中長黑K線略同或更大。

精通

1. 空頭下跌1根中長黑K線，當天跌幅太大，次日很容易出現休息狀態，然後再下跌，容易出現「一星二陰」的組合。

2. 「一星二陰」組合出現後還有低點，因此空頭起跌出現第1根中長黑K線後，次日出現休息的變盤線，可以大膽推測後面容易再下跌1根中長黑K線，形成「一星二陰」組合而做空。這裡特別強調，是在空頭起跌的位置，如果下跌到低檔，當然不能這樣推測，因為低檔長黑再出現變盤十字線，容易出現「晨星」向上轉折。

3. 空頭下跌1根中長黑K線之後，連續出現1根以上的小紅、小黑或變盤線，如果橫盤維持在中長黑K線收盤之下，是弱勢整理的型態，隨時可能繼續下跌，把上面的中長黑K線搬到下面，面對這樣弱勢整理的型態，一定要把握下跌的機會做空。

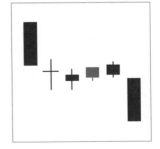

258

4. 空頭下跌1根中長黑K線之後，連續
出現1根以上的小紅、小黑或變盤
線，如果維持小幅下跌，是碎步走
跌型態，隨時都可能發動大跌，出
現中長黑K線的走勢。

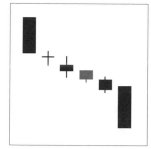

5. 出現「一星二陰」的組合後，後
面的中長黑K線的最高點不能被突破，否則會破壞「一星二
陰」的架構。

6. 「一星二陰」是往下走勢的組合，因此第1根K線可以是紅K
線，次日出現往下的變盤線，再出現下跌的長黑K線。

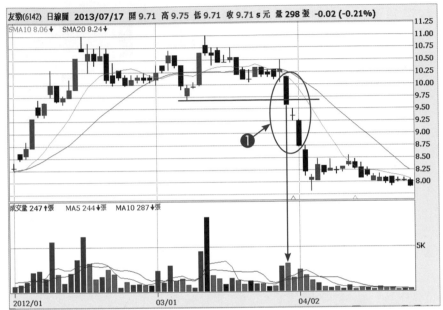

資料來源：富邦e01電子交易系統

❶ 頭部完成，大量長黑K線下跌，次日出現十字線，再下跌長黑K線，下跌
中出現「一星二陰」的組合，走勢還要下跌，不可低接股票。

資料來源：富邦e01電子交易系統

❶ 下跌出現紅K線反彈，是主力誘多，不可做多，後面連續4天碎步走跌，
　近日要大跌。

❷ 大量長黑K線下跌，下跌中出現「一星二陰」的組合，走勢還要下跌，
　反彈不可做多股票。

資料來源：富邦e01電子交易系統

❶ 空頭盤整末端，大量長黑K線下跌，容易跌破盤整。

❷ 連續4天出現小黑變盤線，都在大量長黑K線下面，為弱勢整理，隨時都會下跌。

❸ 出現大量長黑K線下跌，出現「一星二陰」的組合，走勢還要下跌，後面還有低點，可以掌握做空。

 **組合2：下降三法**

定義

　　1根下跌的中長黑K線，次日出現反彈1到數日的小紅、小黑或變盤線，但是收盤價始終沒有突破中長黑K線最高點，再出現往下的中長黑K線吞噬反彈的小紅、小黑或變盤線，這樣的組合稱為「下降三法」。在下跌趨勢中時常見到，表示後續還有低點，為下跌的中繼組合。

解說

　　走勢下跌出現中長黑K線，次日反彈，大多是散戶低接，反彈的力道都不強，而且都沒有突破中長黑K線最高點，之後出現1根中長黑K線下跌，反彈力道全部消失，次二日只要開低往下，將繼續空頭。

精通

1. 多頭上漲到高點，出現「下降三法」的組合，後面不再突破中長黑K線最高點，可視為止漲反轉的訊號。

2. 空頭下跌1根中長黑K線之後，出現反彈的小紅、小黑或變盤線，如果都維持在中長黑K線的½之下，是弱勢整理的型態，在空頭走勢中隨時都可能繼續大跌，要把握下跌的機會做空。

3. 出現「下跌三法」組合後，後面的中長黑K線的最高點不能被突破，否則會破壞「下降三法」的架構。

資料來源：富邦e01電子交易系統

❶ 空頭行進，長黑K線下跌。

❷ 連續3天小變盤線反彈，收盤都沒有突破長黑K線最高點。

❸ 再1根大量長黑K線下跌，出現「下降三法」的組合，走勢還要下跌，後面還有低點，可以掌握做空。

❹ 再1根大量長黑K線下跌，出現「一星二陰」的組合，走勢還要下跌，後面還有低點。

晶電(2448) 日線圖 2013/07/17 開 53.50 高 54.90 低 53.50 收 54.30 s 元 量 4097 張 0.00 (0.00%)

❶ 高檔出現大量長黑K線下跌。

❷ 連續5天小變盤線反彈，收盤都沒有突破長黑K線最高點。

❸ 再1根大量長黑K線下跌，出現「下降三法」的組合，同時完成空頭架構，走勢還要下跌，後面還有低點，可以掌握做空。

組合3：三線反黑

定義

　上漲行進中連續3根小紅K線，然後出現1根長黑K線，把前面3根小紅K線均包含在長黑K線之內，這根長黑K線呈現吞噬的組合，稱為「三線反黑」，為漲多的獲利賣壓，或拉高出貨。在下跌反彈中出現「三線反黑」組合，為反彈結束的訊號，可以順勢做空。

解說

　在上漲或橫盤連續出現小紅K線或小黑K線，表示多方上漲力道減弱，空方1根下跌長黑K線就吞噬全部上漲或橫盤的小紅K線或小黑K線，為空方強力下跌或反轉的訊號。

精通

1. 「三線反黑」組合必須符合2個條件才成立：(1) 長黑K線收盤要跌破前面3根小紅K線或小黑K線的最低點；(2) 下跌長黑K線的成交量要大於前面3根小紅K線或小黑K線的最高量，反

轉或下跌的威力比較大。如果沒有大量，在多頭時下跌力道弱，在空頭反彈結束則繼續下跌。

2. 「三線反黑」組合是空方強力表態，在多頭趨勢中，短線反彈沒有突破長黑K線的最高點，很容易形成頭部，可以搶短線做空。

資料來源：富邦e01電子交易系統

❶ 多頭高檔上漲，出現大量長黑K線，跌破3根K線的最低點，出現「三線反黑」組合，是空方強力表態，同時出現「頭頭低，底底低」，多頭架構遭破壞，反轉為空頭。

資料來源：富邦e01電子交易系統

❶ 多頭上漲到高檔，出現大量長黑K線跌破3根K線的最低點，出現「三線反黑」組合，是空方強力表態。

❷ 再次黑K下跌，出現「頭頭低」，多頭架構改變。

❸ 高檔「連三黑」，跌破前面的最低點，反轉為空頭。

❹ 下跌中連續出現「一星二陰」組合，行情繼續下跌。

組合4：內困三黑

定義

在上漲或反彈行進中，長紅K線之後出現「母子懷抱」黑K線，再出現跌破前面長紅K線最低點的長黑K線，稱為「內困三黑」組合。「母子懷抱」是變盤訊號，「內困三黑」是變盤反轉確認的訊號，空頭進場做空，多頭可搶短線回跌。

解說

在上漲高檔出現長紅K線，次日出現1根黑K線，被長紅K線包起成「母子懷抱」表示多方力道被空方開低走低黑K線奪回，空方再1根下跌長黑K線，跌破長紅K線的最低點，就完成「內困三黑」組合，成為空方強力下跌或回檔的訊號。

精通

1. 上漲高檔長紅K線如果出現大量或爆量，次日形成「母子懷抱」，後續形成「內困三黑」組合的機率很高。

2. 「內困三黑」的長黑K線跌破長紅K線的最低點，同時放大量，後續容易急跌，要把握機會立刻進場做空。

資料來源：富邦e01電子交易系統

❶ 多頭上漲到高檔，出現大量長紅K線。

❷ 次日黑K下跌，出現「母子懷抱」組合的變盤訊號。

❸ 長黑K線跌破前面大量長紅K線的最低點，出現「內困三黑」組合。

❹ 上漲不過前高，出現「夜星」轉折向下組合，行情反轉下跌。

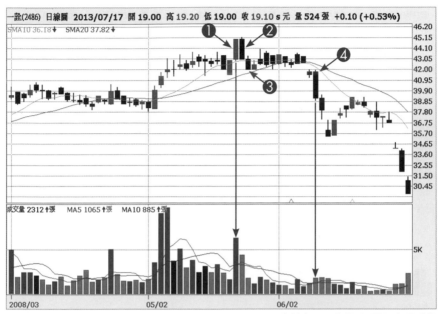

資料來源：富邦e01電子交易系統

① 多頭上漲到高檔，出現大量長紅K線。

② 次日黑K下跌，出現「母子懷抱」組合的變盤訊號。

③ 長黑K線跌破前面大量長紅K線的低點，出現「內困三黑」組合。

④ 長黑K線跌破前面最低點，空頭架構完成。

資料來源：富邦e01電子交易系統

❶ 多頭上漲到高檔，出現大量長紅K線。

❷ 次日黑K下跌，出現「母子懷抱」組合的變盤訊號。

❸ 長黑K線跌破前面大量長紅K線的最低點，出現「內困三黑」組合。

❹ 向下跳空黑K線，頭肩頂型態被跌破，空頭架構完成。

組合5：下跌黑紅黑

定義

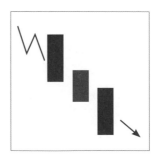

　下跌行進中出現黑K線、紅K線、黑K線，連續呈階梯式的下跌，稱為「下跌黑紅黑」組合，是繼續下跌的中繼

走勢，為空方強勢的訊號，宜找空點進場。

解說

　　下跌行進中出現黑K線、紅K線、黑K線，只看這3根K線，是頭頭低、底底低的下跌階梯走勢，可見空頭仍然在繼續掌控下跌中，不要因為中間的1根紅K線而被誤導，小心是誘多。

資料來源：富邦e01電子交易系統

❶ 下跌行進中，出現「下跌黑紅黑」組合，是繼續下跌的中繼走勢，紅K不可做多，後續還有低點。

資料來源：富邦e01電子交易系統

❶ 空頭下跌行進中，出現「下跌黑紅黑」組合，是繼續下跌的中繼走勢，
　紅K不可做多，後續還有低點。

 **組合6：連三黑**

定義

3根連續頭頭低、底底低的向下黑K線，沒有上下影線，即使有，也是很短。

解說

3根連續的向下黑K線，代表空方向下的企圖強，是空方力量的聚集，在短時間內會改變多方的掌控，多空易位明顯。

精通

1. 連續黑K線數量越多，代表下跌力量越大，影響時間越長。

2. 連續黑K線呈現跳空下跌，威力更大。

3. 連續黑K線如果出現在高檔的回檔，如再上漲，做頭的可能性很高。

4. 多頭上漲到高檔，回檔出現「連三黑」組合，具有下跌潛力的黑馬股，要鎖股做空。

5. 頭部做頭的第2個頭出現「連三黑」組合，為強勢空頭的起跌訊號。

6. 「連三黑」組合出現在空頭行進間，代表空方氣勢強，後續看跌，還有低點可期。

7. 空頭行進到低點，出現「連三黑」組合，要注意以下訊號：

   (1) 連續黑K如出現長的下影線，為打樁探底訊號，注意低點

不多,是出現止跌回升變盤線的訊號;(2) 低檔連三黑,出現
爆量或KD指標背離,要特別注意股價不跌或上漲的反轉變盤
訊號。

8. 多頭行進間出現「連三黑」,視為強力回檔,容易回到前面
轉折低點的位置。同時要注意,再上漲回升如無法突破「連
三黑」的最高點,應視為逃命波,多單要趕快出場。

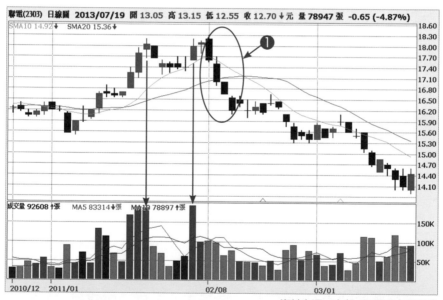

❶ 頭部做頭的第二個頭出現「連三黑」組合,為強勢空頭的起跌訊號。

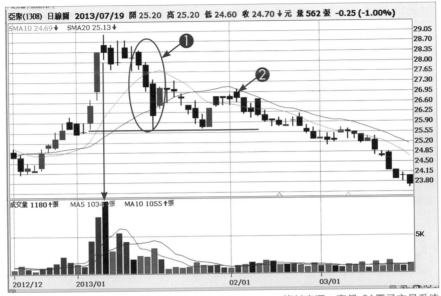

資料來源：富邦e01電子交易系統

❶ 多頭回檔出現「連三黑」組合，下跌到前面低點。可以鎖股，往後下跌
為強勢的空頭。

❷ 回檔後再反彈是逃命波，如果多單不立刻出場，後續下跌會被套慘賠。

資料來源：富邦e01電子交易系統

❶ 空頭低檔出現「連三黑」組合，同時出現爆大量。容易止跌反彈，次日
開高盤則反彈。

🗣 組合7：下缺回補

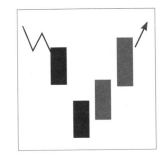

定義

　出現向下跳空缺口，次日出現不破黑K線的向上紅K線回補缺口。

解說

　下跌低檔或多頭的回檔走勢中，長黑K線後出現向下跳空缺口，但第3天的開高向上紅K線回補缺口，轉折向上訊號強烈，再出現紅K線突破第1根長黑K線最高點，多空易位，容易反轉上漲。

精通

1. 空頭趨勢低檔，向下跳空缺口附近爆大量，出現「下缺回補」組合，該缺口成為「竭盡缺口」，趨勢反轉可能性大。

2. 空頭趨勢低檔，盤整結束，出現爆大量向下跳空缺口，跌破盤整，接著出現「下缺回補」組合，視為假跌破、真上漲，反轉可能性大。

3. 多頭回檔出現「下缺回補」組合，回檔結束，繼續上漲，是進場做多位置。

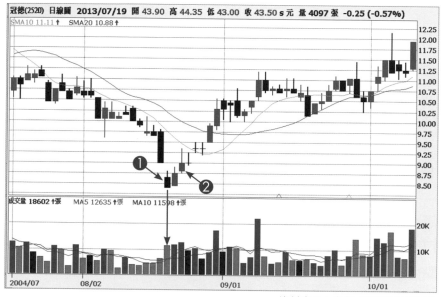

資料來源：富邦e01電子交易系統

❶ 空頭低檔出現爆大量向下跳空缺口。

❷ 次日開高走高，第3日缺口回補，強勢反彈。

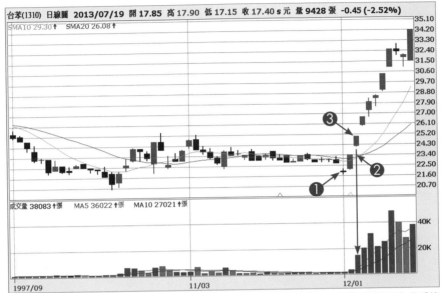

資料來源：富邦e01電子交易系統

❶ 盤整的跌破位置，出現跳空向下十字K線。

❷ 次日長紅K線回補缺口，出現「下缺回補」，是假跌破。

❸ 大量長紅K線跳空上漲，是真上漲，行情反轉成多頭。

第 6 篇

K 線 缺 口

K線和缺口是一體的,無論行情上漲或下跌,經常會看到向上或向下的缺口,這些缺口都含有重要的意義,深入了解後,可以窺知未來的短期走勢。

本篇將探討缺口的形成,以及缺口之後的走勢,提供讀者最精闢的解析。

第1章

為何會出現跳空缺口？

　　一般來說，產生跳空缺口有以下5個原因：

原因1：反應國際盤的大漲或大跌

　　例如2013年6月20日，美國聯準會（Fed）透露，要逐步讓量化寬鬆（QE）退場，結果第二天開盤出現跳空大跌120點的缺口（見下圖）。

資料來源：富邦e01電子交易系統

原因2：反應國家重大財經政策

例如2013年6月26日，立法院三讀通過證所稅修正案，取消大盤8500點的課稅門檻，以及散戶免徵的重大財經政策，這項利多，使得次日台股大盤上漲121點，出現向上的跳空缺口（見左頁圖）。

原因3：個股突發的利多或利空

例如2013年7月19日，國內財經報紙頭條新聞報導，台積電董事長張忠謀在法説會中，發表對2013年下半年展望保守的看法，而且還表態，2014年將會交棒執行長。結果台積電當天開盤就向下跳空，收盤跌停板，出現下殺的缺口（見下圖）。

資料來源：富邦e01電子交易系統

原因4：市場主力發動上攻或下殺

由多方或空方主導的走勢，造成跳空。多頭或空頭確立之後的跳空缺口，往往是加速方向的訊息，在技術分析中很重要的是，要認識主力發動的缺口（見下圖）。

原因5：個股除權息

公司發放股息、股利當天造成的缺口是可預知的，不會影響技術分析，因此不列入討論範圍。

資料來源：富邦e01電子交易系統

❶ 主力下殺的跳空缺口。

❷ 主力向上做多的跳空缺口。

多頭上漲的跳空缺口

　　多頭由底部打底開始，一路往上到趨勢結束，行進中不同位置出現的向上跳空缺口，意義都不相同，藉著以下走勢圖分別說明多頭上漲的缺口。

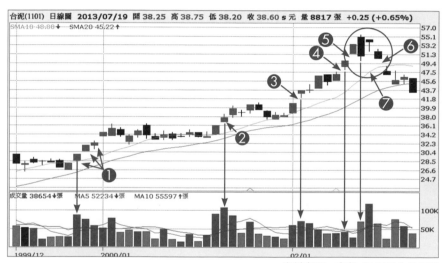

資料來源：富邦e01電子交易系統

❶ 底部向上「突破缺口」：股價在低檔打底時，以強力往上跳空的方式直接突破前面高點，完成多頭架構，這種「突破缺口」意義重大，是主力宣示啟動強勢多頭。在底部連續5天上漲，出現3個向上缺口，也是上漲「連三紅」的攻擊型態，可以推測這是強勢多頭股票，此處屬於強力買進的訊號。

❷ 盤整向上「突破缺口」：多頭起漲一段後盤整，股價以強力往上跳空的方式直接突破13天的K線盤整區，同時出現攻擊量，主力表態繼續上攻，要立刻買進做多。

❸ 中繼「逃逸缺口」（測量缺口）：股價經過一段上升之後，在中途發生的跳空缺口稱為「逃逸缺口」或「測量缺口」。此處發生的向上缺口代

表行情尚未結束，可概略預測未來還會上漲約一倍距離，因此又稱為測量缺口。此處為多頭回檔後再上漲的第2天，主力再用放量缺口上攻，可見主力強力做多的企圖，股價還有一段漲幅。

❹ 上漲到高檔，主力利用強力往上跳空的方式，讓股價繼續上攻。

❺ 多頭高檔「竭盡缺口」：股價經過大漲到達波段高點時出現跳空缺口，此時資金後續動能漸漸耗盡，是上漲行情將結束的訊號，此缺口稱為「向上竭盡缺口」，特徵是：
  ● 股價位於高檔的往上跳空缺口。
  ● 出現大量。
  ● 後續股價不漲或下跌，而且3天內向下回補缺口。上圖該位置出現股價連續急漲，3天2缺口，由於位置上漲到高檔，要特別注意爆大量、股價不漲或下跌的訊號。次日出現大量長黑K吞噬，這是轉折下跌的訊號，做多要出場。

❻ 頭部向下「突破缺口」：股價在高檔反轉向下時，以強力往下跳空的方式直接跌破前面低點，這種向下「突破缺口」意義重大，是主力強力下殺的表態。

❼ 左邊是上漲的「竭盡缺口」，右邊是向下的「突破缺口」，這樣的轉折組合型態稱為「島狀反轉」，反轉力道很強。

空頭下跌的跳空缺口

空頭由頭部開始，一路往下到趨勢結束，行進中不同位置出現的向下跳空缺口，意義都不相同。藉著以下走勢圖分別說明空頭下跌的缺口。

資料來源：富邦e01電子交易系統

❶ 頭部向下「突破缺口」：股價在高檔反轉向下時，以強力往下跳空的方式直接跌破前面低點，這種向下「突破缺口」意義重大，是主力強力下殺的表態。

❷ 左邊是上漲的「竭盡缺口」，右邊是向下的「突破缺口」，這樣的轉折組合型態稱為「島狀反轉」，反轉力道很強。

❸ 空頭向下「突破缺口」，為強勢空頭。

❹ 中繼「逃逸缺口」（測量缺口）：股價經過一段下跌之後，在中途發生的「跳空缺口」稱為「逃逸缺口」或「測量缺口」。此處發生的向下缺口代表行情尚未結束，可概略預測未來還會下跌約一倍距離，因此又稱為「測量缺口」。此處為空頭繼續下跌，主力再用下跌缺口下殺，可見主力強力做空的企圖，股價還有一段跌幅。

❺ 下跌到低檔，主力利用強力往下跳空的方式，讓股價繼續下跌。

6 空頭低檔「竭盡缺口」：股價經過大跌到達波段低點時出現跳空缺口，此時出現底部爆大量和買盤動能，是下跌行情將結束的訊號，所以此缺口稱為「向下竭盡缺口」，其特徵是：

● 股價在低檔的往下跳空缺口。

● 出現大量。

● 後續股價不跌或上漲，而且3天內向上回補缺口。上圖該位置出現股價連續急跌，3天2缺口，由於位置下跌到低檔，要特別注意爆大量股價不跌或上漲的訊號。次日出現止跌十字變盤線，這是轉折反彈的訊號，做空要回補。

資料來源：富邦e01電子交易系統

❶ 向下突破缺口

❷ 向下突破缺口

❸ 向下逃逸缺口

❹ 向上突破缺口

❺ 向上逃逸缺口

❻ 向上竭盡缺口

🗣️🔍 跳空缺口的觀察重點

想要了解跳空缺口，要注意以下幾個重點。

.

重點1：普通缺口

又稱為「區域缺口」，經常出現在盤整區域，多因消息面影響或短期買賣不平衡而出現，很容易在一兩天就封閉，無法產生突破或助漲力道，對技術分析意義不大。

重點2：突破缺口

● 「向上突破」需要明顯的大量配合，而且成交量要持續增加，配合帶大量的向上跳空，通常不會回補。
● 如果缺口在3天內跌回起漲點，是「假突破」。
● 突破開口越大，漲勢力道越強。
● 「向下突破」不一定要有大成交量，無論有量或沒量都會下跌，此時要當機立斷，立刻退出股市或反手放空。

重點3：逃逸缺口

● 逃逸缺口的成交量不必然特別大，出現的次數比「普通缺口」和「突破缺口」少得多。
● 在上升趨勢中出現「逃逸缺口」，這是市場強勢的表態，如果收盤價跌破缺口的下緣，代表上升趨勢轉弱；在下跌趨勢中，如出現往下的「逃逸缺口」，代表市場弱勢。

重點4：竭盡缺口

「竭盡缺口」代表狂升或狂跌的後段，此時投資人一窩風追高搶買，或極度悲觀殺出持股，造成的跳空情形，表示多或空的力道都剩下最後一口氣，此時靜待行情轉折，是另一波段的好機會。

重點5：島狀反轉

股價跳空向上後，股價表現出高檔無力現象，接著立即以向下跳空的方式下跌，圖形看上去左右各有缺口，中間高出的股價形成海上島嶼狀，故名「島狀反轉」。

一般而言，「島狀反轉」不常出現，一旦出現，在高檔會是大跌走勢的前兆，也是「必殺做空」的好機會。

如果出現在底部的反轉，股價跳空向下後，接著在右邊出現向上跳空的缺口，圖形看上去左右都有缺口，是大漲的訊號，應把握「做多」的好機會。「島狀反轉」的結構可能只有一根K線就反轉，可能2、3天後反轉，也可能較多天的盤整後反轉，盤整日期越多，日後的行情越大。

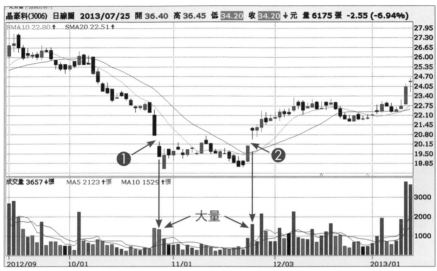

資料來源：富邦e01電子交易系統

❶ 左邊下跌的跳空缺口，同時連續2日爆大量。

❷ 底部經過19天打底成底底高，右邊出現爆大量上漲的跳空缺口，底部形成「島狀反轉」的多頭結構，收盤21.1元，底部盤整日期越久，日後的行情越大。該股票之後的多頭趨勢上漲到48元才結束。

第2章

缺口的支撐與壓力

　　缺口是強力向上或向下的表現，經常在關鍵位置出現，因此也是重要支撐或壓力的位置，同時可以觀察多空力道的變化。

向上跳空缺口的支撐

　　放量的向上跳空缺口是強力上漲的表現，因此日後回跌時是重要支撐。上漲時，出現放量的向上缺口，股價繼續上漲是正常走勢，當股價回跌時，要觀察形成缺口的幾個重要支撐位置，研判走勢的強弱是否改變。

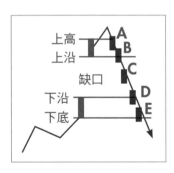

1. 「上高價」（缺口上漲後的紅K線最高點）是最強的支撐位置，收盤如跌破上高價（A），多頭氣勢轉弱。
2. 「上沿價」（缺口上漲後的紅K線最低點）是次強的支撐位置，收盤如跌破上沿價（B），股價跌入缺口，在缺口區間（C）容易形成多空拉鋸、上下震盪，如果缺口被空方回補，多頭向上缺口的強力上漲氣勢，會轉變成為一般的多頭。

3. 「下沿價」（缺口上漲前的紅K線最高點）是較弱的支撐位
　 置，收盤如跌破下沿價（D），股價跌破缺口，而且伸入缺
　 口上漲前的紅K線的實體，多頭上漲的氣勢完全轉弱，要特
　 別注意，「下底價」不能被跌破。

4. 「下底價」（缺口上漲前的紅K線最低點）是最弱的支撐位
　 置，收盤如跌破下底價（E），股價跌破上漲前的紅K線實體
　 最低點，多空易位，行情轉由空方主導。

資料來源：富邦e01電子交易系統

❶ 大量向上跳空缺口後，股價原本要上攻，但當日股價跌破上高價，多頭
　 轉弱。

❷ 當天股價跌破上沿價，進入缺口，多空拉鋸了3天，缺口已經被回補，
　 不再是強勢多頭。

❸ 當天長黑K跌破下沿價，多頭成為弱勢。

❹ 當天大量長黑K，直接跌破下底價，多空易位，趨勢反轉成為空頭。

向下跳空缺口的壓力

　　放量的向下跳空缺口是強力下跌的
表現，因此是日後反彈的重要壓力
位置。下跌時，出現放量的向下缺
口，股價繼續下跌是正常走勢，當
股價回升時，要觀察形成缺口的幾
個重要壓力位置，研判走勢的強弱
是否改變。

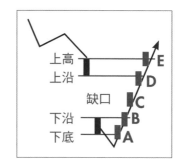

1. 「下底價」（缺口下跌後的黑K線最低點）是最強的壓力位
   置，收盤如突破下底價（A），空頭氣勢轉弱。

2. 「下沿價」（缺口下跌後的黑K線最高點）是次強的壓力位
   置，收盤如突破下沿價（B），股價進入缺口，在缺口的區間
   （C）容易多空拉鋸、上下震盪，如果缺口被多方回補，空頭
   向下缺口的強力下跌氣勢，會轉變成為一般的空頭走勢。

3. 「上沿價」（缺口下跌前的黑K線最低點）是較弱的壓力位
   置，收盤如突破上沿價（D），股價突破缺口，而且進入缺
   口上漲前的黑K線的實體，空頭下跌的氣勢完全轉弱，要特
   別注意，「上高價」不能被突破。

4. 「上高價」（缺口下跌前的黑K線最高點）是最弱的壓力位
   置，收盤如突破上高價（E），股價突破下跌前的黑K線實體
   的最高點，空多易位，行情轉由多方主導。

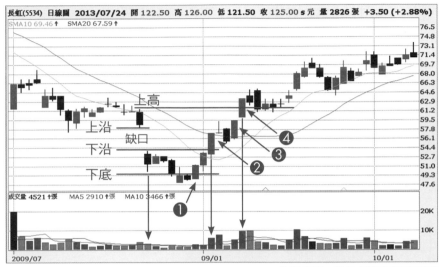

資料來源：富邦e01電子交易系統

❶ 向下跳空缺口後，股價原本要下跌，但是當日的股價突破下底價，空頭轉弱。

❷ 當天股價突破下沿價，進入缺口，多空拉鋸了3天，缺口已經被回補，不再是強勢空頭。

❸ 當天長紅K突破上沿價，成為弱勢空頭。

❹ 當天大量長紅K，直接突破上高價，空多易位，趨勢反轉成為多頭。

缺口的觀察指標

觀察缺口時，應注意以下幾個現象：

1. 缺口向上或向下的力量大於K線，所以缺口是強力向上或向下的表現，經常出現在關鍵位置，要特別注意之後的走勢。

2. 多方出現的缺口如有大量，而且是位於關鍵突破位置，特別重要，這是主力強力向上的表態。

3. 無量向上的缺口，日後回測時支撐弱，因此無量的漲停板缺口，日後反轉下跌時，多無支撐，很容易跌停板下殺。

4. 空方缺口不一定有大量，缺口越大，下跌訊號越明顯，向下突破缺口如很大，經常就是多頭的結束。

5. 股價進入有量的缺口時會多空交戰，股價容易忽漲忽跌及震幅加大。

6. 高檔出現的缺口越大，越要小心是竭盡缺口。竭盡缺口形成的前後幾天會出現大量，後續出現量縮的小幅價漲、價平或價跌，都顯示後繼無力。

7. 向上或向下出現缺口，次日股價不續攻或續跌，要小心觀察，3日內是否回補缺口，造成多空反轉。

8. 行情持續中有時會出現許多缺口，並非一定按照突破缺口、逃逸缺口、竭盡缺口的順序發生，通常要觀察價量的發展。

9. 由缺口的位置、成交量及次日表現，可以判斷股票的強弱。

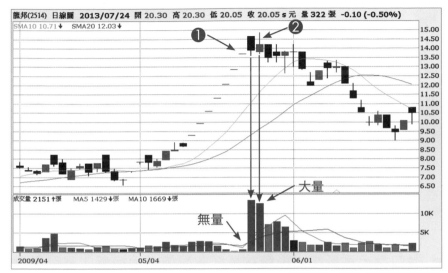

資料來源：富邦e01電子交易系統

❶ 無量上漲的連續跳空漲停板。

❷ 股價在高檔爆出大量之後，股價反轉下跌時多無支撐，千萬不能逢低接
　股票。

缺口操作5大秘訣

熟悉以下操作秘訣，就能懂得運用缺口，正確掌握多空趨勢。

秘訣1：缺口之上見長紅

- 缺口之上見長紅，必有漲幅，拉回做多。向上跳空缺口出現長紅，是多頭強力的表現，股價只要回跌不破缺口「上沿價」，以做多方向為主，拉回做多。

- 缺口之上見長紅，後續在長紅½價之上、收盤價之下高處橫盤，是強勢整理，隨時都會上漲。

- 缺口之上見長紅，後續在長紅收盤價之上橫盤，是強勢整理，注意發動上漲時可以追進。

- 高處強勢橫盤整理時，最容易發動的時間在橫盤的第1、3、5、8、13日的當日或次日。

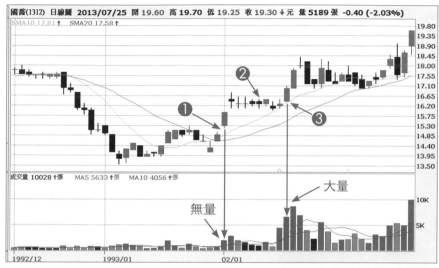

資料來源：富邦e01電子交易系統

❶ 主力打底完成當天，用大量向上跳空長紅，突破前面最高點。

❷ 後續股價維持在長紅收盤價之上，橫盤8天，為強勢整理。

❸ 整理完成，第9天，主力再以大量長紅K線，突破盤整，股價繼續上漲。

秘訣2：缺口之下見長黑

● 缺口之下見長黑，必有跌幅，反彈做空。向下跳空缺口出現長黑，是空頭強力的表現，股價只要反彈不破缺口「下沿價」，以做空方向為主，反彈做空。

● 缺口之下見長黑，後續在長黑½價之下、收盤價之上低處橫盤，是弱勢整理，隨時都會下跌。

● 缺口之下見長黑，後續在長黑收盤價之下橫盤，是弱勢整理，注意發動下跌時可以追空。

● 低處弱勢橫盤整理時，最容易發動的時間在橫盤的第1、3、
　5、8、13日的當日或次日。

資料來源：富邦e01電子交易系統

❶ 高檔大量向上跳空缺口。

❷ 第2日缺口回補，多頭轉弱。

❸ 大量長黑K線，跌破上漲長紅K線最低點，多空易位。

❹ 向下跳空缺口見長黑。

❺ 連續3日在長黑收盤下面盤整，隨時都會下跌。

❻ 大量長黑K線，跌破橫盤，股價繼續下跌。

❼ 向下跳空缺口見長黑。

❽ 連續7日在長黑收盤下面盤整，隨時都會下跌。

❾ 大量長黑K線，跌破橫盤，股價繼續下跌。

秘訣3：何謂真封口和假封口？

● 向上跳空缺口，如果股價在近日內拉回，出現帶大量的實體黑K線，收盤到缺口下沿或跌破缺口下沿，稱為「真封口」（回補）。

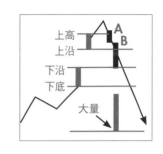

● 向下跳空缺口，如果在近日內，股價回升出現帶大量的實體紅K線，收盤到缺口上沿或突破缺口上沿，稱為「真封口」（回補）。

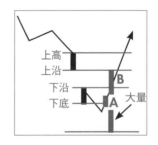

● 向上跳空缺口，回補缺口的黑K線，留有長下影線，或者回補缺口呈現帶大量紅K或量縮，容易是假封口（回補）。

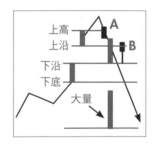

● 向下跳空缺口，回補缺口的紅K線，留有長上影線，或者回補缺口呈現帶大量黑K或量縮，容易是假封口（回補）。

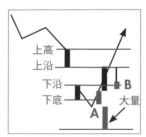

❶ 高檔大量長紅，股價不漲，第2天向下跳空缺口見長黑。

❷ 近日反彈，出現量縮長黑K線，封閉缺口，這是假封口，後續股價繼續下跌。

秘訣4：上有缺、下有口

　　　　多空交鋒走區間

● 上漲走勢出現向上跳空缺口，之後上漲一段，回跌出現向下跳空缺口，股價處在上有缺口壓力，下有缺口支撐的區間震盪，必須有一方的缺口被回補突破或跌破，多空才明朗。

● 下跌走勢出現向下跳空缺口，
之後下跌一段，反彈出現向上
跳空缺口，股價處在上有缺口
壓力，下有缺口支撐的區間震
盪，必須有一方的缺口被回補
突破或跌破，多空才明朗。

秘訣5：3日2缺口 向上要大漲、向下要大跌

● 多頭打底時無論是第1支腳或第2支腳，出現上漲連3紅K，
而且是2日2缺口，當底部完成，是一支強勢多頭股票，要鎖
股做多。

● 多頭上漲的關鍵起漲位置，連續3日向上出現2個跳空缺口，
是主力強力做多的宣示，只要缺口沒有被回補，股價容易大
漲。

● 多頭上漲到高檔，出現3日2缺口，同時爆大量，要特別注意
股價不漲或下跌，以及向上缺口是否被回補。

● 空頭做頭時無論是第1個頭或第2個頭，出現下跌連3黑K，
而且是3日2缺口，當頭部完成，是一支弱勢空頭股票，要鎖
股做空。

● 空頭下跌起跌的位置，連續3日向下出現2個跳空缺口，是主
力強力做空的宣示，只要缺口沒有被回補，股價容易大跌。

● 空頭下跌到低檔，出現3日2缺口，同時爆大量，要特別注意
股價容易反彈。

資料來源：富邦e01電子交易系統

❶ 底部打底的第2支腳出現3天2缺口帶大量長紅，後續是支強勢上漲的股票。

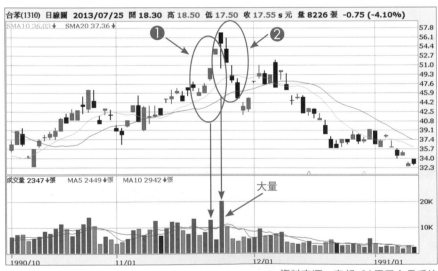

資料來源：富邦e01電子交易系統

❶ 高檔出現3天2缺口帶大量長紅，次日帶大量吊人線是變盤訊號，注意轉
折向下。

❷ 高檔出現3天2缺口長黑下跌，後續容易大跌。

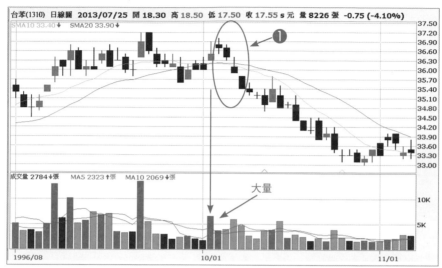

資料來源：富邦e01電子交易系統

❶ 高檔頭頭低的第2個頭出現3天2缺口長黑下跌，後續容易大跌。

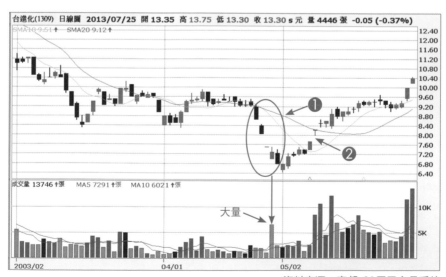

資料來源：富邦e01電子交易系統

❶ 低檔出現3天2缺口長黑急跌，爆大量後容易反彈。

❷ 反轉向上出現向上跳空缺口，底部形成左有缺、右有口的「島狀反轉」，後續多頭上漲。

第7篇

K 線 交 易 法

當走勢呈現高角度的上漲或下跌，使用K線交易法，是個既簡單又有效率的操作方法，因此也稱為「傻瓜操盤法」。

只要守紀律執行，很容易賣到短線相對高點，輕鬆獲利入袋，同時，也能避免因人性恐慌、猜疑的情緒操作，只賺到一點點就賣掉，而喪失賺大錢的機會。

K線交易法的操作訣竅

學習K線交易法，利用K線的收盤價變化，當成進出的依據，並且輕鬆獲利。

訣竅1：何時適合使用K線交易法？

- 多頭上漲的強勢股：上升角度45度以上走勢。
- 多頭上漲的飆股。
- 急漲後搶倒V形回檔的急跌行情。
- 空頭下跌的弱勢股：下降角度45度以上走勢。
- 急跌後搶V形反彈的急漲行情。

訣竅2：執行K線交易法，要注意哪些事項？

- K線交易法屬於短線交易。
- K線交易法用日線操作。
- 無論進出都以收盤價確認。
- K線交易法不能用在緩漲或盤整走勢。

訣竅3：何時是多頭走勢的進場做多時機？

- 低檔打底完成的帶大量上漲紅K線，股價收盤突破底部盤整上頸線時。
- 上漲途中回檔後再上漲的紅K線，股價突破前一日的最高點時。
- 續勢盤整完畢，股價向上突破盤整的大量長紅K線時。

訣竅4：多頭交易的規則

- **進場**：收盤前確認股價，突破前一日最高點時買進。
- **停損**：進場當日K線股價的最低點（不能超過7%）。
- **續抱**：每天收盤前檢視股價，沒跌破前一日最低點時續抱。
- **出場**：收盤前確認股價跌破前一日最低點時出場。

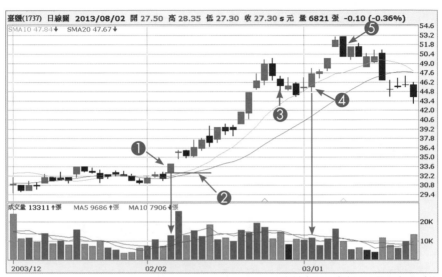

資料來源：富邦e01電子交易系統

❶ 大量上漲紅K線，收盤突破前高，符合多頭進場位置，做多買進。

❷ 停損設定進場紅K線的最低點。

❸ 上漲中收盤沒跌破前一日K線的最低點，多單續抱，一直到收盤跌破前一日K線的最低點，多單出場。

❹ 多頭回檔之後再上漲，收盤突破前一日最高點，符合多頭進場位置，做多買進。

❺ 上漲中收盤沒有跌破前一日K線的最低點，多單續抱，一直到收盤跌破前一日K線的最低點，多單出場。

資料來源：富邦e01電子交易系統

❶ 大量上漲紅K線，收盤突破前高，符合多頭進場位置，做多買進。停損
設定進場紅K線的最低點。

❷ 收盤跌破前一日K線的最低點，多單出場。

❸ 多頭回檔之後再上漲，收盤突破前一日最高點，符合多頭進場位置，做
多買進。

❹ 上漲中收盤都沒跌破前一日K線的最低點，多單續抱，等到收盤跌破前
一日K線的最低點，多單出場。

抓住K線 獲利無限

訣竅5：何時是空頭走勢的進場做空時機？

● 高檔出現頭部完成確認的下跌黑K線，股價收盤跌破頭部盤整下頸線時。

● 下跌途中，反彈後再下跌的黑K線，股價跌破前一日最低點時。

● 下跌中續勢盤整完畢，股價收盤向下跌破盤整區時。

訣竅6：空頭交易的規則

● **進場：**收盤前確認股價跌破前一日最低點時放空。

● **停損：**進場當日K線股價的最高點（不能超過7%）。

● **續抱：**每天收盤前檢視股價，沒突破前一日的最高點時續抱。

● **出場（回補）：**收盤前確認股價，突破前一日最高點時出場（回補）。

資料來源：富邦e01電子交易系統

❶ 大量下跌黑K線，收盤跌破頭部盤整，符合空頭進場位置，做空。

❷ 停損設定進場黑K線的最高點。

❸ 下跌中收盤都沒突破前一日K線的最高點，空單續抱，一直到收盤突破
前一日K線的最高點，空單回補。

第2章 V形反轉的K線交易法

　　V形及倒V形反轉多因急跌或急漲，造成股價急速一日反轉，每次出現，都會在短時間上漲或下跌很大幅度，如果能夠掌握這種機會立刻進場，就能在短時間內賺到不錯的利潤。

　　V形及倒V形反轉的速度很快，許多投資人無法在第一時間發現而介入，錯失賺錢的機會，事實上只要了解它的特性，遵守操作紀律，大膽進場、果斷出場，要賺這種小飆一段的利潤，實非難事。

　　至於交易條件，則是完全以技術面操作，屬於逆勢交易，必須嚴守停損及停利紀律，出現任何危險訊號都要立刻出場，不可拗單。另外，採用日線操作，專門鎖住急跌、急漲或乖離過大的股票。

V形反轉：如何搶空頭急跌的反彈？

買進：符合下列4條件可以買進搶反彈

1. **急殺**：連續重挫急殺3天或3天以上的長黑K線或跳空跌停，跌幅超過15%以上。

2. **爆量**：下殺低檔出現爆大量。

3. **止跌**：急殺後出現下列止跌訊號

   - 開低走高中長紅K線。
   - 長下影線的K線。
   - 長下影線的十字線、紡錘線、鎚子線等變盤線。
   - 股價先跌破昨日最低點，再上漲突破昨日最高點的吞噬紅 K線。

4. **過高**：止跌當天或次日收盤突破前一日K線的最高點，為反 彈確認的進場位置。因為屬於逆勢交易，要設好停損。

停損：停損設進場K線的最低點，最多不超過7%。

續抱：股價未跌破上升急切線續抱，股價未跌破前一日K線最低 點續抱。

出場：可用下列3種方式停利出場

1. 收盤跌破上升急切線的黑K。

2. 收盤跌破前日K線最低點的黑K。

3. 收盤跌破3日均線的黑K。

 ## V形反轉的目標位置

　空頭急跌後V形反彈，目標到開 始急跌的起跌點，當然這只是目標 價，並非絕對會到達，因此要嚴守 出場紀律，即使沒到目標價，也一 定要出場。

V形反轉反彈後的可能走勢

空頭急跌後V形反彈是強力反彈,造成股價急速上漲,當反彈結束,後續走勢容易打底,要密切觀察打底的型態,可以鎖住下次做多的好機會。

1. 反彈結束後,回跌到打第2支腳不破前面最低點,出現底底高,回跌幅度越小,底部就越強,越容易完成多頭架構的頭頭高。回到A點上漲最強,B點次之,C點最弱。

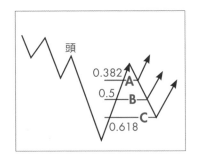

2. 反彈結束後,維持在高檔出現橫向盤整,出現「頭肩底」型態,要密切鎖股,當橫向盤整結束,出現向上突破的中長紅K線(A),是做多位置,要把握機會立刻進場做多。

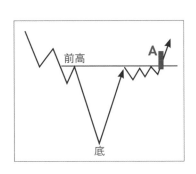

3. 強力反彈突破前高後才回跌,沒有跌破前高的支撐,就做第2支腳中長紅K線(A)上漲,確認多頭,要把握機會立刻進場做多。

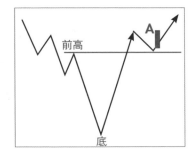

資料來源：富邦e01電子交易系統

❶ 連續3天以上的急跌黑K線。

❷ 出現止跌的紅K變盤線。

❸ 同時出現大量。

❹ 收盤突破前一日K線的最高點進場搶反彈。

❺ 反彈目標價到起跌點。

❻ 黑K線跌破上升急切線，同時跌破前一日K線最低點及3日均線，搶反彈
多單出場。

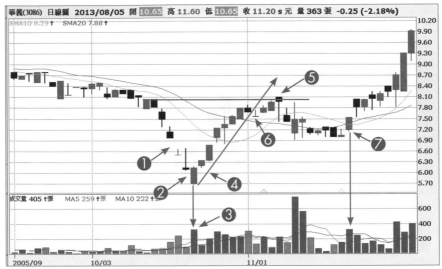

資料來源：富邦e01電子交易系統

❶ 連續4天以上的急跌黑K線跌停板。

❷ 出現止跌的長紅K變盤線。

❸ 同時出現大量。

❹ 收盤突破前一日紅K線的最高點，進場搶反彈做多。

❺ 目標價到起跌點。

❻ 收盤跌破上升急切線，同時也跌破前一日K線最低點及3日均線，搶反彈
　多單出場。

❼ 強勢反彈之後回測約1/3，出現帶大量長紅K線上漲，開始底底高打底，
　鎖股做多。

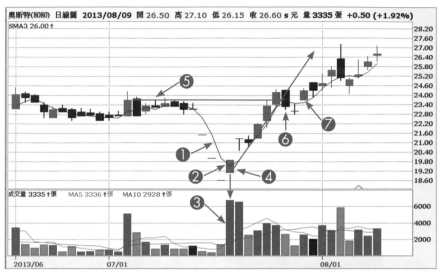

資料來源：富邦e01電子交易系統

❶ 連續3天以上的急跌黑K線。

❷ 出現止跌的紅K線。

❸ 同時出現大量。

❹ 收盤突破前一日K線的最高點進場搶反彈。

❺ 反彈目標價到起跌點。

❻ 黑K線跌破上升急切線，同時也跌破前一日K線最低點及3日均線，搶反
彈多單出場。

❼ 反彈後回跌一天，次日紅K線收盤過前一日最高點，多單進場做多。

資料來源：富邦e01電子交易系統

① 連續3天以上的急跌黑K線。

② 同時出現大量。

③ 出現止跌的紅K線。

④ 連續3日收盤都沒有突破前一日K線的最高點，第4個過高的條件沒出現，不能進場搶反彈，後續繼續下跌。

資料來源：富邦e01電子交易系統

❶ 連續3天以上的急跌黑K線。

❷ 出現止跌的紅K線。

❸ 同時出現大量。

❹ 連續3日收盤都沒有突破前一日K線的最高點，第4個過高的條件沒出現，不能進場搶反彈，後續繼續下跌。

倒V形反轉：如何搶多頭急漲的回檔？

買進：符合下列4條件可以做空搶回檔

1. **急漲：** 連續急漲3天或3天以上的長紅K線或跳空漲停，漲幅超過15%以上。

2. **爆量：** 急拉高檔出現爆大量。

3. **止漲：** 急漲後出現下列止漲訊號

   ● 開高走低中長黑K線。

   ● 長上影線的K線。

   ● 長上影線的十字線、紡錘線、鎚子線等變盤線。

   ● 股價開高走低後出現長黑吞噬K線。

4. **破低：** 止漲當天或次日收盤跌破前一日K線的最低點，為回檔確認的做空位置。因為屬於逆勢交易，要設好停損。

停損：停損設進場K線的最高點，最多不超過7%。

續抱：股價未突破下降急切線時續抱，股價未突破前日K線高點續抱。

出場：可用下列3種方式停利出場

1. 收盤突破下降急切線的紅K。

2. 收盤突破前日K線最高點的紅K。

3. 收盤突破3日均線的紅K。

倒V形回檔的目標位置

　多頭急漲後倒V形回檔,目標到開始急漲的起漲點,當然這只是目標價,並非絕對會到達,因此要嚴守出場紀律,即使沒到目標價,也一定要出場。

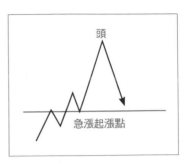

倒V形反轉回檔後的可能走勢

　多頭急漲後倒V形是急速回檔,造成股價下跌,當回檔結束,後續走勢容易做頭,要密切觀察做頭的型態,可以鎖住下次做空的好機會。

1. 回檔結束後上漲打第2個頭,沒突破前面最高點,出現頭頭低,上漲幅度越小,頭部就越強,越容易完成空頭架構的底底低。回到A點下跌最強,B點次之,C點最弱。

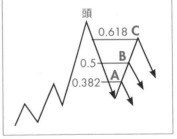

2. 回檔結束後,維持在低檔出現橫向盤整,出現「頭肩頂」的型態,要密切鎖股,當橫向盤整結束,出現向下跌破的中長

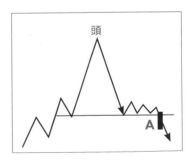

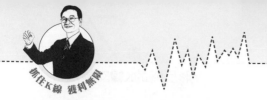

黑K線（Ａ），是做空位置，要把握機會立刻進場做空。

3. 強力回檔跌破前低後才上漲，
   回升沒有突破前低的壓力，就做
   第2個頭中長黑K線（Ａ）下跌，
   確認空頭，要把握機會立刻進場
   做空。

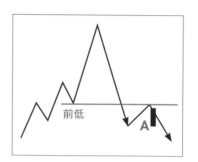

前低

Ａ

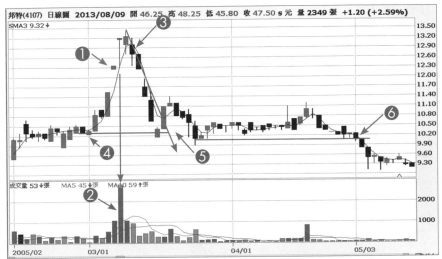

資料來源：富邦e01電子交易系統

① 連續3天以上的急漲紅K線。

② 同時出現大量。

③ 出現止漲的黑K線，同時跌破前一日紅K線的最低點，做空搶回檔。

④ 倒V形反轉回檔的目標價為前面的起漲點。

⑤ 長紅K線突破下降急切線，突破前一日K線最高點及3日均線，空單回補。

⑥ 急跌回檔後在低檔右邊盤整做右肩，黑K跌破，頭肩頂型態完成，做空。

抓住K線 獲利無限

作者：朱家泓

總編輯：張國蓮
副總編輯：李文瑜
美術設計：楊雅竹
封面攝影：張家禎

董事長：李岳能
發行：金尉股份有限公司
地址：新北市板橋區文化路一段268號20樓之2
傳真：02-2258-5366
讀者信箱：moneyservice@cmoney.com.tw
網址：money.cmoney.tw
客服Line@：@m22585366

製版印刷：科樂印刷事業股份有限公司
總經銷：聯合發行股份有限公司

初版1刷：2013年10月
二版1刷：2017年6月
二版108刷：2024年9月

國 家 圖 書 館 出 版 品 預 行 編 目 資 料

抓住K線獲利無限 / 朱家泓著. -- 初版. --
新北市：金尉, 2017.06
328面 ; 17×23公分
ISBN 978-986-94047-7-8（平裝）
1. 股票投資 2. 投資技術 3. 投資分析
563.53   106008007

Money錢

Money 錢

Money錢

Money錢